Inhaltsverzeichnis

Sirt Food Diät Kochbuch

leckere Rezepte zum Abnehmen mit der Sirtuin Diät
+ Ernährungsplan

ANNA
MARIA
JUNG

Cooking is my passion

ISBN:

„Aufgrund meiner Nähe zu meinen Lesern habe ich mich dazu entschieden Sie in diesem Buch zu duzen, dies soll nicht Respektlos erscheinen, sondern ich möchte dir damit mein Wissen wie einem guten Freund vermitteln!“

Vorwort

Wenn du auch wünschst, dass du einige Kilos auf gesunde Art und Weise verlieren kannst und spüren kannst, wie du nach und nach auch körperlich fitter wirst, dann bist du hier genau richtig. Denn mit der Sirt Food Diät kannst du diese Ziele erreichen ohne hungern oder auf Genuss verzichten zu müssen. Du musst lediglich darauf achten, dass du einige Lebensmittel vermehrt in deinen Speiseplan einbaust, damit du den Abnahmeerfolg erzielen kannst.
Damit du selbst nicht nach entsprechenden Rezepten suchen musst, die dir diesen Erfolg ermöglichen, haben wir diesen Sirt Food Rezeptbuch zusammengestellt, in dem die notwendigen Lebensmittel berücksichtigt werden. Da es sich hierbei um viele unterschiedliche Lebensmittel handelt, wirst du sicher auch Rezepte finden, die deinem persönlichen Geschmack entsprechen.
Wir wünschen viel Spaß beim Nachkochen, Entdecken und Genießen.

Was ist Sirt Food?

Die Sirt Food Diät entstand durch eine Studie, an der 40 Personen teilnahmen. Dabei wurden den Probanden verschiedene Speisen gegeben. Man fand heraus, dass die Lebensmittel, welche reichhaltig den Stoff Sirtuin beinhalteten, dazu beitragen konnten, dass die Probanden abnahmen und dadurch auch körperlich wieder fitter wurden. Bei Sirtuine handelt es sich um ein ganz spezielles Protein, welches aber noch andere Vorteile beim Verzehr bieten kann.

Dazu gehören:

-Schutz vor Entzündungen
-Stressabbau
-Schutz vor Krankheiten
-Stärkung des Immunsystems
-Unterstützung des Muskelaufbaus
-Erreichen der Fettverbrennung

Zudem konnte ermittelt werden, dass die Zellalterung verzögert wird, während zugleich wichtige Enzyme aktiviert werden, welche für einige Vorgänge im Körper sehr wichtig sind. Die Verdauung wird angeregt und der Blutdruck gesenkt. Um diese Vorteile genießen zu können, muss man in keiner Weise hungern, wie man es von manch anderen Diäten her kennt. Man muss lediglich den Speiseplan mit Sirtuine haltigen Lebensmitteln füllen.

Lebensmittel die verwendet werden dürfen

Folgende Lebensmittel dürfen in der Sirt Food Diät verzehrt werden:

1. Buchweizen
2. Walnüsse
3. Petersilie
4. Kurkuma
5. Knoblauch
6. Soja
7. Grüner Tee
8. Sellerie
9. Rucola
10. Grünkohl
11. Kapern
12. Kaltgepresstes Olivenöl
13. Rote Zwiebeln
14. Grünkohl
15. Chilis
16. Schwarzer Kaffee
17. Rotwein
18. Zartbitterschokolade (mit einem Kakao-Gehalt von mindestens 85 Prozent)
19. Blaubeeren
20. Erdbeeren

Die Sirtfood-Diät teilt sich in 4 Phasen auf

Phase 1: abnehmen
Zu Beginn ernährt man sich in den ersten 3 Tagen von 3 Säften oder Smoothies und einer Hauptmahlzeit. An diesen Tagen soll man täglich nicht mehr als 1000 kcal zu sich nehmen. Die Säfte, auch in Form von Osmotisches, lassen sich aus Äpfeln, Rucola, Petersilie und Sellerie herstellen. Das ist Phase 1 – die Gewöhnung des Körpers an das Abnehmen.

So könnte zum Beispiel ein grüner Smoothie aussehen:
Grüner Smoothie mit Rucola, Grünkohl und Sellerie

zwei Stangen Sellerie
eine Handvoll Rucola
zwei Handvoll Grünkohl, ungekocht
je eine halbe Handvoll Petersilie und Liebstöckel

Die Zutaten grob zerkleinern und in einen Mixer geben. Etwas Apfelsaft dazugeben und pürieren.

Phase 2 stabilisieren & abnehmen

Phase 2 erlaubt täglich 1500 kcal, in Form von zwei Säften oder Smoothies und zwei Hauptmahlzeiten. Phase 2 hat keine vorgegebene Dauer. Man kann solange weitermachen, bis das eigene Wunschgewicht erreicht ist. Dann sollte man zu Phase 3 übergehen.

Phase 3: Annährung an nicht Sirtfood Lebensmittel

Phase 3 kann beliebig lange durchgeführt werden. Es sind täglich 1800 kcal und drei Hauptmahlzeiten erlaubt. Neben dem Sirtfood sollen auch andere Lebensmittel verzehrt werden, damit der Körper sich wieder an diese gewöhnen kann. Dabei soll der größere Anteil aus Sirtfood bestehen. Diese Phase sollte man für mindestens eine Woche durchführen.

Phase 4, Ziel dauerhaft Sirtfood als Lebensinhalt

Nach dieser Phase sollte man weiterhin darauf achten, Sirtfood zu sich zunehmen. Man sollte sich dabei aber auch satt essen, damit es nicht zu Heißhungerattacken kommt. Die Snacks aus dem Rezeptteil können dabei eine Hilfe sein.

Auch bei der Sirtfood-Diät ist es wichtig, nicht in alte Essgewohnheiten zurückzufallen.
Eine Ernährung mit frischen, gesunden Lebensmitteln und viel Eiweiß bringt auch langfristig Erfolg.

Wie könnten die ersten 14 Tage aussehen?

Tag 1: Phase 1;
Morgens: Cranberries Granatapfel Smoothie (S.141)
Mittags: Birne Spinat Smoothie (S.142)
Abends: Berry Smoothie (S.144)

Tag 2:
Morgens: Joghurt, Früchte & Gemüse Smoothie (S.145)
Mittags: Grüner Smoothie (S.147)
Abends: Coco Berry (S.148)

Tag 3:
Morgens: Kirsche- Smoothie mit Mandeln & Co (S.149)
Mittags: Smoothie mit Apfel, Erdbeeren & Salbei (S.150)
Abends: Mandel Blaubeeren Smoothie (S.151)

Tag 4: Phase 2; es geht aufwärts!
Morgens: Smoothie aus Rubrik; Osmotisches und Drinks
Mittags: Brokkoli Avocado Suppe mit Kurkuma (S.77)
Abends: Smoothie aus Rubrik; Osmotisches und Drinks

Tag 5:
Morgens: Smoothie aus Rubrik; Osmotisches und Drinks
Mittags: Lauchkuchen mit Ziegenkäse & Walnüssen (S.72)
Abends: Smoothie aus Rubrik; Osmotisches und Drinks

Tag 6:
Morgens: Smoothie aus Rubrik; Osmotisches und Drinks
Mittags: Huhn mit Walnüssen (S.98)
Abends: Selleriesalat mit Walnüssen (S.27)

Tag 7:
Morgens: Smoothie aus Rubrik; Osmotisches und Drinks
Mittags: Huhn mit Walnüssen (S.98)
Abends: Smoothie aus Rubrik; Osmotisches und Drinks

Tag 8: Ende der Phase 2 Phase 3 beginnt!
Morgens: Smoothie aus Rubrik; Osmotisches und Drinks
Mittags: Nudeln mit Tomaten Walnuss Pesto (S.72)
Snack: Cranberry-Riegel mit Nüssen & Feigen (S.162)
Du hast 1 Woche geschafft heute gönnen wir dir einen Snack!
Abends: Karotten-Apfel-Salat mit Porree (S.55)

Tag 9:
Morgens: Buchweizen Pfannenkuchen mit Apfelmus (S.17)
Mittags: Erdbeere trifft Banane & Spinat (S.160)
Abends: Knoblauchhuhn (S.95)

Tag 10:
Morgens: Buchweizen Pfannenkuchen mit Räucherlachs (S.19)
Mittags: Hähnchensalat mit Erdbeeren(S.47)
Spaghetti mit Knoblauch & Petersilie (S.76)
Abends: CocoBerry (S.148)

Tag 11:
Morgens: Müsli mit Früchten(S.41)
Mittags: Rahmennudeln mit Walnuss(S.68)
Abends: Smoothie aus Rubrik; Osmotisches und Drinks

Tag 12:
Morgens: Quinoa Frühstück(S.40)
Mittags: Tortellini (S.70)
Abends: Smoothie aus Rubrik; Osmotisches und Drinks

Tag 13:
Morgens: Rubrik Frühstück oder ein Smoothie
Mittags: Vielleicht mal etwas Fisch?
Abends: Smoothie aus Rubrik; Osmotisches und Drinks
Tag 14:
Ich denke, du hast das Prinzip nun verstanden, führe doch nun den Plan selber weiter. Sobald du dein Wunschziel erreicht hast, solltest du Phase 4 Starten und dich möglichst konstant daran halten, denn nur so verhinderst du den „Jo-Jo Effekt“.

Wie verhalte ich mich während der Diät?

- **Viel trinken**
  2 bis 3 Liter Wasser pro Tag sollten es schon sein. Mit ein paar Spritzern Zitronensaft hat das Wasser mehr Geschmack. Oder man trinkt als Abwechslung zum Wasser ungesüßten Tee. Zuckerhaltige Getränke sollte man besser meiden

- **Sport treiben**
  Walken, Radfahren oder auch joggen, wenn das sowieso schon macht – Bewegung hilft dem Körper bei der Diät. In den ersten drei Tagen der Diät sollte man jedoch auf Sport verzichten, um den Körper nicht zu überfordern

- **Beschäftigung**
  Wenn man Hunger verspürt, kann es helfen, sich abzulenken. Man kann etwas lesen oder auch einen Spaziergang machen. Dinge tun, die vom Hungergefühl ablenken.

- **Eine Art Tagebuch führen**
  Aufschreiben, wie viel man abgenommen hat. Dabei nicht täglich wiegen, sondern einmal die Woche. Vielleicht merkt man, dass eine Hose bequemer sitzt, weil der Bauchumfang weniger geworden ist. All diese Dinge aufschreiben und sich daran erinnern können, wenn es mal nicht so gut läuft. Auch die Fortsetzung des Ernährungsplans wird dir dabei helfen deine Ziele zu erreichen.

- **Sich etwas Gutes tun**
  Sich mit einem Besuch im Kino oder einer neuen Hose belohnen. Vielleicht eine Massage machen lassen oder ein Besuch beim Friseur. Belohnung muss nicht immer mit Essen verbunden sein, auch wenn die dunkle Schokolade erlaubt ist.

Vorspeisen & Frühstück

Zum Frühstück eignen sich natürlich auch Osmotisches und Drinks. Hier aber noch ein paar Rezepte für ein Frühstück mit etwas mehr „Biss“

Buchweizen Pfannkuchen mit Apfelmus

Schwierigkeit: Leicht
Zubereitungszeit:75 Minuten

Zutaten für 4 Portionen	
250 g Buchweizenmehl	350 ml Milch
800 g Äpfel	2 EL Rosinen
50 g Zucker	2 EL Zitronensaft
2 Eier	100 g Frühstücksspeck
6 EL Öl	4 EL Preiselbeeren (aus dem Glas)
Salz	Pfeffer

Zubereitung:

1. Milch in einem Topf erwärmen. Mehl einrühren. Etwas pfeffern und salzen, dann quellen lassen.
2. Äpfel in Viertel schneiden, Kerngehäuse und Stiel entfernen und würfeln. In einem Topf mit Zitronensaft, Rosinen und Zucker erhitzen. Dann zudecken und 15 Minuten köcheln lassen. Topf vom Herd nehmen und abkühlen lassen.
3. Backofen auf 75 Grad erhitzen.
4. Eier in den Teig einrühren.
5. Öl in einer Pfanne erhitzen und den Speck darin kurz anbraten. Etwas Teig in die Pfanne geben und Pfannkuchen ausbacken. Wenden und 4 weitere Minuten backen. Vorgang wiederholen bis der Teig aufgebraucht wurde.
6. Fertige Pfannkuchen im Ofen warm halten.
7. Pfannkuchen mit dem Apfelmus servieren.

Buchweizen Omelette mit Gemüse

Schwierigkeit: Leicht
Zubereitungszeit:45 Minuten

Zutaten für 4 Portionen	
350 g Süßkartoffeln	100 g Buchweizen
1 Paprikaschote, gelb	3 EL Olivenöl
5 TL Salbei, gehackt	10 Eier
150 g Ziegenfrischkäse	60 g Butterschmalz
Salz & Pfeffer	Basilikumblättchen

Zubereitung:

1. Buchweizen in ein Sieb geben und mit heißem Wasser abspülen.200 ml Wasser mit etwas Salz zum Kochen bringen und Buchweizen hineingeben. 20 Minuten bei kleiner Hitze köcheln lassen.
2. Paprikaschoten halb schneiden, Trennwände und Kerne entfernen, dann würfeln.
3. Süßkartoffeln schälen und in feine Würfel schneiden.
4. In einer Pfanne Olivenöl erhitzen. Salbei, Paprika und Süßkartoffeln von allen Seiten 6 Minuten anbraten.
5. Buchweizen durch ein Sieb abgießen und mit in die Pfanne geben. Salzen und pfeffern.
6. Eier trennen. Ziegenfrischkäse mit den Eigelben mischen und mit Pfeffer würzen.
7. Eiweiße steif schlage und unter den Ziegenkäse heben.
8. Pfanne aufstellen, etwas Butterschmalz hineingeben und die Omeletts nacheinander darin ausbacken. Dafür erst ein Viertel der Eimasse in die Pfanne geben, ein Viertel der Kartoffel-Gemüsemischung darauf verteilen und für 3 Minuten stocken lassen. Vorgang wiederholen bis alle Zutaten aufgebraucht worden sind.

Buchweizen Pfannkuchen mit Räucherlachs

Schwierigkeit: Mittel
Zubereitungszeit:35 Minuten

Zutaten für 2 Portionen	
50 g Buchweizenmehl	50 ml Milch
1 Ei	3 g Hefe, frisch
1 Prise Zucker	½ Apfel, säuerlich
120 g Avocado, reif	1 Spritzer Zitronensaft
1 Stängel Dill	2 EL Creme fraiche
1 TL Meerrettich	150 g Lachs, geräuchert und in feine Scheiben aufgeschnitten
2 EL Rapsöl zum Braten	Salz & Pfeffer

Zubereitung:

1. Ei, Milch und Mehl in einer Schüssel mischen. Hefe zerkleinern und hineingeben. Salzen und mischen bis ein zähflüssiger Teig entstanden ist.
2. Apfel waschen, in Viertel schneiden und Kerngehäuse entfernen. Dann in kleine Würfel schneiden.
3. Avocado halb schneiden, Kern entfernen und würfeln. Mit Zitronensaft beträufeln.
4. Dill waschen, trocken schütteln und fein hacken. Einige Blättchen für die Deko zur Seite legen.
5. Meerrettich mit der Creme fraiche mischen. Salzen und Dill hinzugeben. Apfel- und Avocado Stücke in die Mischung geben.
6. Räucherlachs in 12 Stücke zupfen. Öl in einer Pfanne erhitzen.
7. Teig noch einmal durchrühren und je 1 TL davon in die Pfanne geben um kleine Pfannkuchen auszubacken.
8. Taler aus der Pfanne nehmen, auf Küchenkrepp abtropfen lassen und auf Teller geben. Mit Lachs belegen und den Meerrettich daneben anrichten. Darauf Dill streuen.

Buchweizen Blini mit Kaviar und roter Beete

Schwierigkeit: Mittel
Zubereitungszeit: mehr als 90 Minuten

Zutaten für 4 Portionen **Für das Blini**	
½ TL Honig, flüssig	½ Würfel Hefe, frisch
80 g Dinkelvollkornmehl	60 g Buchweizenmehl
160 ml Milch, lauwarm	2 EL Olivenöl
Salz & Pfeffer	3 Eier

Für das Tatar	
4 Frühlingszwiebeln	400 g rote Beete
6 Cornichons	4 TL Kapern
½ Bund Dill	2 TL Balsamico Creme
2 EL Olivenöl	Salz & Pfeffer

Für die Sauercreme Sauce	
100 g Creme fraiche	100 ml saure Sahne
40 g Forellenkaviar	Salz & Pfeffer

Zubereitung:

1. Hefe zerkleinern und mit Milch und Honig mischen. Dann Buchweizen- und Dinkelmehl hinzugeben.
2. Eier hinzugeben und 45 Minuten zugedeckt gehen lassen.
3. In der Zwischenzeit rote Beete putzen und fein reiben.
4. Frühlingszwiebeln waschen.
5. kleine Portionen des Buchweizenteiges in einer Pfanne ausbacken. Fertige Blinis im Ofen warm halten und den gesamten Teig ausbacken.
6. Creme fraiche mit saurer Sahne mischen und Salzen.
7. Cornichons abtropfen lassen und fein würfeln. Dill fein hacken. Beides mit Olivenöl und Balsamico Creme mischen.
8. Blinis auf einem Teller anrichten und zusammen mit dem Tatar und der Creme servieren.

Käse in Buchweizenteig

Schwierigkeit: Leicht
Zubereitungszeit:45 Minuten

Zutaten für 4 Portionen	
250 g Buchweizenmehl	300 g Hartkäse
50 g Weizenmehl	½ TL Backpulver
400 ml Bier	2 EL Grappa
1 Endiviensalat, klein	2 EL Weiß Weinessig
4 EL Olivenöl	¾ l Öl zum Frittieren
Salz	Pfeffer

Zubereitung:

1. Rinde vom Käse entfernen. In Würfel von 2 cm schneiden.
2. Mehle miteinander mischen. Salz, Grappa und Bier untermischen bis ein Pfannkuchen Teig entstanden ist. Käse hineingeben.
3. Salat in einzelne Blätter zerlegen und waschen. Trocken schütteln und in feine Streifen schneiden. In einer Schüssel mit Essig, Öl, Salz und Pfeffer mischen.
4. Frittieröl in einem großen Topf erhitzen. Käsewürfel darin nacheinander ausbacken. Danach mit einer Schaumkelle entnehmen und auf Küchenkrepp abtropfen lassen.
5. Käsewürfel mit dem Salat zusammen servieren.

Buchweizentarte mit Pistazien Erbsen Creme

Schwierigkeit: Mittel

Zubereitungszeit: 90 Minuten

Zutaten für 1 Tarteform	
50 ml Rapsöl	2 TL Mandelmus, hell
1 Ei	1 Packung Vanillezucker
Mehl zum Ausrollen	Öl für die Form
50 g Rohrzucker	1 Zitrone
300 g TK-Erbsen	50 g Pistazienkerne
250 g Mascarpone	150 g Sahne
1 Stange Minze	Pistazienkerne zum Bestreuen
200 g Buchweizenmehl	Minzeblättchen zur Deko

Zubereitung:

1. Backofen auf 180 Grad vorheizen. Tarteform einfetten.
2. Mandelmus, Ei, Vanillezucker und Rapsöl mischen. Buchweizenmehl nach und nach dazugeben und weiter mischen.
3. Teig dünn ausrollen und in die Form legen. Dabei einen Rand formen. Den Boden mehrfach mit einer Gabel einstechen.
4. Zitrone entsaften. Saft mit Rohrzucker und 100 ml Wasser zum Kochen bringen. Minze anbraten und dazu geben. Aufgetaute Erbsen dazu mischen und für weitere 10 Minuten garen.
5. Minze aus dem Topf entnehmen.
6. Tarteboden aus dem Ofen nehmen und auskühlen lassen. Die Erbsen in einem Mixer zerkleinern und durch ein Sieb streichen. Abkühlen lassen.
7. Pistazien fein hacken und mit der Mascarpone mischen. Nach und nach unter die Erbsen rühren.
8. Sahne steif schlagen und untermischen. Die Creme auf dem Kuchenboden verteilen. Mit den Pistazien und Minzeblättchen anrichten.

Schwarzwurzelsuppe mit Walnüssen

Schwierigkeit: Leicht
Zubereitungszeit: 25 Minuten

Zutaten für 4 Portionen	
Saft von 4 Zitronen	500 ml Milch
600 g Schwarzwurzeln	1 Zwiebel
2 EL Butter	4 EL Walnuss Kerne
1 l Gemüsebrühe	4 EL Creme fraiche
1 Prise Muskatnuss, gerieben	1 Prise Zucker
Salz	Pfeffer

Zubereitung:

1. Erst 2/3 des Zitronensaftes in einer Schüssel mit 1 Liter Wasser mischen. Schwarzwurzeln schälen und in Stücke von 4 cm Länge schneiden. In das Zitronenwasser legen.
2. Zwiebel schälen, würfeln und in einem Topf mit Butter anschwitzen. Schwarzwurzeln hinzugeben und dünsten.
3. Mit der Gemüsebrühe aufgießen und für 15 Minuten köcheln lassen.
4. Walnusskerne hacken. In einer Pfanne ohne Fett anrösten.
5. Suppe vom Herd nehmen. Milch und Creme fraiche dazugeben. Suppe pürieren. Mit Salz, Muskat, Zucker und Pfeffer abschmecken. Restlichen Zitronensaft einmischen.
6. Vor dem Servieren mit den Walnüssen bestreuen.

Blumenkohl mit Walnusssauce

Schwierigkeit: Leicht
Zubereitungszeit:60 Minuten

Zutaten für 4 Portionen	
1 Blumenkohl, groß	100 g Walnusskerne
5 EL Zitronensaft	3 Scheiben Kastenweißbrot
2 EL Sonnenblumenkerne	2 EL Walnuss Öl
1 Knoblauchzehe	Salz

Zubereitung:

1. Blumenkohl in kleine Rösschen zerteilen.
2. Topf mit Wasser aufstellen. Zitronensaft und Salz hineingeben. Blumenkohl hinzufügen. Bei schwacher Hitze für 15 Minuten köcheln lassen.
3. Walnüsse fein hacken. Vom Kastenbrot die Rinde abschneiden und Brot in etwas Wasser einweichen. Ausdrücken und mit den Walnusskernen, dem Walnussöl, den Sonnenblumenkernen und dem Zitronensaft mischen.
4. Knoblauch schälen und passen.
5. Alles in einen Topf geben und rühren bis eine dickflüssige Sauce entstanden ist.
6. Blumenkohl auf einer Platte anrichten und mit der Sauce begießen.

Apfellinsen mit Walnüssen

Schwierigkeit: Leicht
Zubereitungszeit:30 Minuten

Zutaten für 2 Portionen	
1-2 TL Estragon, getrocknet	2 Äpfel, säuerlich
400 ml Gemüsebrühe	200 g Linsen, rot
2 EL Walnüsse, gehackt	2 EL Walnuss Öl
Salz	Pfeffer

Zubereitung:

1. Äpfel in Viertel schneiden und Kerngehäuse sowie Stiel entfernen. Schälen und in schmale Spalten schneiden.
2. Estragon mit der Gemüsebrühe zum Kochen bringen. Linsen hinzugeben und bei geringer Hitze gar ziehen lassen.
3. Nach 5 Minuten Äpfel dazugeben und weitere 5 Minuten köcheln lassen. Mit Salz und Pfeffer abschmecken.
4. Beim Servieren mit Walnussöl beträufeln.

Fenchelgratin mit Walnüssen

Schwierigkeit: Leicht
Zubereitungszeit:45 Minuten

Zutaten für 2 Portionen	
2 Fenchelknollen	¼ l Gemüsebrühe
1 Paprikaschote, rot	2 TL Speisestärke
2 EL Zitronensaft	2 Scheiben Vollkorntoast
100 g Schinken, mager und gekocht	30 g Walnusskerne
50 g Emmentaler, gerieben	Salz & Pfeffer

Zubereitung:

1. Gemüse waschen, putzen und in Streifen schneiden.
2. Brühe in einen Topf geben und aufkochen lassen. Gemüse hineingeben und für 10 Minuten dünsten.
3. Ofen auf 225 Grad vorheizen.
4. Zitronensaft mit der Stärke mischen. In den Topf mit dem Gemüse geben.
5. Toastbrot in feine Würfel schneiden. Schinken in Streifen schneiden. Walnüsse hacken.
6. Gemüse in eine Auflaufform geben. Toast, Schinken und Walnüsse darauf verteilen. 10 Minuten im Ofen backen lassen.

Selleriesalat mit Walnüssen

Schwierigkeit: Leicht
Zubereitungszeit: 60 Minuten

Zutaten für 4 Portionen	
1 Knollensellerie	150 g Naturjoghurt
80 g Walnusskerne	½ TL Zimt Pulver
2 EL Zitronensaft	1 EL Walnuss Öl
200 g Feigen	Salz & Pfeffer

Zubereitung:

1. Sellerie waschen und in einen Topf geben. Gar kochen.
2. Sellerie dem Topf entnehmen, schälen, und in feine Streifen hobeln.
3. Joghurt, Zimt, Zitronensaft, Salz und Pfeffer mischen.
4. Nüsse hacken und in einer Pfanne anrösten.
5. Feigen waschen und in Spalten schneiden. Mit den Nüssen mischen. Mit Salz und Pfeffer würzen.
6. Sellerie mit dem Dressing mischen, dann die Feigen darauf anrichten.

Gefüllte Kürbisse mit Roquefort und Walnüssen

Schwierigkeit: Leicht
Zubereitungszeit:75 Min

Zutaten für 4 Portionen	
4 kleine Kürbisse	5 EL Walnuss Kerne
150 g Roquefort	Salz

Zubereitung:

1. Backofen auf 180 Grad vorheizen.
2. Deckel von den Kürbissen abschneiden und die Kerne herauskratzen.
3. Walnüsse hacken und in einer Pfanne anrösten.
4. Kürbisse leicht salzen.
5. Käse zerbröckeln und mit den Nüssen mischen. Masse in die Kürbisse einfüllen.
6. Kürbisse in eine Auflaufform stellen und Deckel aussetzen. 6 EL Wasser in die Form geben. Kürbisse bei 160 Grad 40 Minuten backen.

Geflügelterrine mit Backobst und Walnüssen

Schwierigkeit: Mittel
Zubereitungszeit: mehr als 90 Minuten

Zutaten für 8 Portionen	
1 Brathähnchen, roh	1 TL Thymian, getrocknet
½ TL Rosmarin, gehackt	80 ml Marsalawein, trocken
200 g Speck, durchwachsen	2 Messerspitzen Macis
2 Messerspitzen Piment	2 Messerspitzen Pfeffer, weiß
80 g Aprikosen, getrocknet	80 g Dörrpflaumen, getrocknet
2 Eier	50 g Weißbrot
200 g Bacon, in Scheiben	100 g Walnusskerne
1 Thymianzweig	1 Lorbeerblatt
Salz	Terrinen Form

Zubereitung:

1. Hähnchen von allen Seiten außen und innen abwaschen. Dann abtupfen und Fett sowie Haut entfernen. Fleisch von der Brust und den Keulen lösen. Herz und Leber dazugeben.
2. Fleisch in Würfel von 3 cm Größe schneiden und in eine Schüssel geben. Mit den Kräutern, den Gewürzen und 1 TL Salz mischen. Dann 40 ml Marsala darüber gießen und alles gut mischen. Dann in einen Gefrierbeutel füllen und für 3 Stunden in das Gefrierfach legen.
3. In der Zwischenzeit Trockenfrüchte in 2 cm große Stücke schneiden. In eine Schüssel geben und 30 ml Marsala darüber gießen. Früchte durchziehen lassen.
4. Hähnchenfleisch mit einem Fleischwolf zerkleinern, Speck und Brot würfeln und auch durch den Fleischwolf lassen.
5. Fleischmasse mit dem restlichen Marsala und den Eiern mischen Mit Salz würzen. Walnüsse grob hacken und mit den Trockenfrüchten mischen.
6. Backofen auf 180 Grad vorheizen.

7. Terrinen Form mit 2/3 des Bacons auslegen und dabei die Ränder überhängen lassen. In die Mitte ein Loch schneiden. Hackfleischmasse einfüllen und glätten. Dann überhängende Bacon darüber legen.
8. Thymianzweig und Lorbeerblatt auf den Bacon legen.
9. Terrine mit Alufolie verschließen.
10. Die Fettpfanne des Backofens mit Wasser füllen bis eine Höhe von 4 cm erreicht worden ist. Dann die Terrinen Form hineinsetzen und die Terrine für 70 Minuten im Ofen garen.
11. Terrine aus dem Ofen nehmend und abkühlen lassen. Dann stürzen und 1 Tag in den Kühlschrank geben, damit sie durchziehen kann.
12. Am Tag danach in Scheiben schneiden und servieren.

Rucola mit Erdbeeren

Schwierigkeit: Leicht
Zubereitungszeit: 30 Minuten

Zutaten für 4 Portionen	
250 g Erdbeeren	1 TL Zucker
2 Bund Rucola	2 Frühlingszwiebeln
2 TL Honig	1 Chilischote, rot
2 EL Balsamico , weiß	4 EL Olivenöl
½ Kästchen Kresse	2 EL Pinien Kerne
Salz	Pfeffer

Zubereitung:

1. Erdbeeren waschen und Kelchblätter herausschneiden. Dann vierteln. Mit dem Zucker in einer Schale mischen.
2. Rucola waschen, putzen und Stiele abschneiden. Blätter kleiner zupfen.
3. Frühlingszwiebeln in feine Ringe schneiden.
4. Chilischote waschen und fein hacken. Mit Balsamico und Honig mischen. Öl dazugeben. Sauce mit Salz und Pfeffer abschmecken.
5. Alle Zutaten miteinander mischen. Kresse abschneiden und darüber geben.
6. Pinienkerne in einer Pfanne anrösten und über den Salat streuen.

Brokkoli Avocado Suppe mit Kurkuma

Schwierigkeit: Leicht
Zubereitungszeit:50 Minuten

Zutaten für 2 Portionen	
1 Handvoll Spinat	500 g Brokkoli
1 Knoblauchzehe	1 Zwiebel, klein
1 Lorbeerblatt	500 ml Gemüsebrühe
2 TL Kokosöl	1 Stück Kurkuma
1 Stück Ingwer, 2 cm lang	½ Apfel
Salz	½ Zitrone
5 Stängel Koriander	1 Avocado
1 Prise Cayennepfeffer	Salz

Zubereitung:

1. Brokkoli waschen und Rösschen abtrennen. Dann in Würfel schneiden. Spinat waschen, trocken schütteln und Stiele abschneiden.
2. Knoblauch und Zwiebeln schälen und fein hacken.
3. In einer Pfanne das Kokosöl erhitzen. Zwiebeln darin anbraten und Knoblauch hinzufügen. Mit Brühe ablöschen.
4. Lorbeerblatt, Spinat und Brokkoli in einen Topf geben und aufkochen lassen. Danach bei geringer Hitze für 10 Minuten köcheln lassen.
5. In der Zwischenzeit Ingwer und Kurkuma waschen und fein hacken. Koriander waschen, trocken schütteln und fein hacken. Apfel halb schneiden, Kerngehäuse entfernen und in Würfel schneiden. Alles zur Suppe geben und weitere 6 Minuten köcheln lassen.
6. Lorbeerblatt aus der Suppe nehmen und vom Herd nehmen. Avocado halb schneiden und Kern entfernen. Dann das Fruchtfleisch zur Suppe geben. Mit Salz, Zitronensaft und Cayennepfeffer abschmecken. Suppe pürieren und servieren.

Gefüllte Zucchini mit Kurkuma und Bulgur

Schwierigkeit: Leicht
Zubereitungszeit:90 Minuten

Zutaten für 4 Portionen	
80 g Schafskäse	100 g Bulgur
1 EL Kurkuma, gemahlen	150 g Champignons, braun
1/2Bund Petersilie	4 Zucchini, groß
½ TL Kreuz Kümmel, gemahlen	¼ TL Zimt
30 g Rosinen	2 EL Pinien Kerne
200 ml Gemüsebrühe	Pfeffer

Zubereitung:

1. Kurkuma und Bulgur in 200 ml Wasser zum Kochen bringen. Hitze herunterstellen und 10 Minuten köcheln lassen
2. Champignons in Würfel schneiden und Petersilie fein hacken.
3. Backofen auf 200 Grad vorheizen.
4. Zucchini waschen und der Länge nach durchschneiden. Dann das Fruchtfleisch mit einem Löffel entnehmen. Champignons, Petersilie, Schafskäse, Zucchinifruchtfleisch und Rosinen mischen. Mit Pfeffer, Salz und Kreuzkümmel abschmecken.
5. Zucchinihälften mit Pfeffer und Salz würzen. Dann mit der Mischung befüllen. Pinienkerne darüber streuen und Gemüsebrühe eingießen.
6. Für 30 Minuten auf der mittleren Schiene im Ofen backen.

Hackklösschen in Rotwein

Schwierigkeit: Mittel
Zubereitungszeit:90 Minuten

Zutaten für 4 Portionen	
600 g Hackfleisch, gemischt	4 Scheiben Toastbrot
50 g Schinken, roh und geräuchert	100 ml Milch
2 EL Parmesan, gerieben	1 EL Kapern
1 Möhre	1 Zwiebel
1 Stange Sellerie	2 EL Olivenöl
200 ml Rotwein, trocken	1 Dose geschälte Tomaten, 400 g
10 Salbeiblättchen	Salz & Pfeffer
1 Bund Petersilie	1 Bund Basilikum

Zubereitung:

1. Rinde vom Toastbrot abschneiden und Brot in einen Teller mit der Milch geben. Fettrand vom Schinken entfernen und Rest klein schneiden.
2. Basilikum und Petersilie waschen, trocken schleudern und fein hacken.
3. Toastbrot ausdrücken und fein krümeln. Fleisch, Schinken, Kapern, Käse, Kräuter und Toastbrot mischen. Mit Salz und Pfeffer abschmecken.
4. Kleine Klößchen formen.
5. Zwiebel schälen und fein hacken. Sellerie und Möhre schälen und in Würfel schneiden. Öl in einer Pfanne erhitzen. Möhre, Sellerie und Zwiebel darin anbraten. Gemüse etwas zur Seite schieben und Klößchen anbraten.
6. Tomaten mit einem Pürierstab pürieren und in die Pfanne gießen.
7. Deckel auflegen und alles für 30 Minuten bei geringer Hitze köcheln lassen. Salbei einrühren. Mit Salz & Pfeffer abschmecken.

Avocado Creme mit Erdbeeren

Schwierigkeit: Leicht
Zubereitungszeit:80 Minuten

Zutaten für 4 Portionen	
2 Avocados, klein	1 Limette, Bio
150 g griechischer Joghurt	2 EL Puderzucker
300 g Erdbeeren	4 TL Pinien Kerne
2 EL brauner Zucker	4 Stiele Minze

Zubereitung:

1. Limette mit heißem Wasser abwaschen und Schale abreiben. Saft auspressen.
2. Avocado halb schneiden und Kern entfernen. Fruchtfleisch entnehmen.
3. Puderzucker, Limettenschale und Limettensaft mischen. Joghurt dazugeben. Avocado klein schneiden und dazugeben, dann pürieren. Im Kühlschrank 1 Stunde kühl stellen.
4. Pinienkerne in einer Pfanne anrösten.
5. Erdbeeren waschen, Grün entfernen und in Viertel schneiden.
6. Minze waschen und fein hacken.
7. Avocado Creme mit den Erdbeeren servieren und mit Pinienkernen bestreuen.

Kurkuma Kokos Suppe mit Linsen

Schwierigkeit: Leicht
Zubereitungszeit:60 Minuten

Zutaten für 4 Portionen	
1 Zwiebel	150 g Belugalinsen
1 Stück Ingwer, 2 cm lang	1 Stück Kurkuma, 4 cm lang
4 EL Kokosöl	4 Möhren
400 ml Kokosmilch	500 ml Gemüsebrühe
½ Bund Koriandergrün	½ Limette
Salz	Pfeffer

Zubereitung:

1. Linsen mit kaltem Wasser abspülen. In einen Topf mit Salz und 300 ml Wasser geben. Abdecken und 30 Minuten köcheln lassen-
2. Kurkuma, Zwiebel und Ingwer schälen und fein hacken.
3. Möhren schälen und würfeln.
4. Kokosöl in einem Topf erhitzen und mit Kurkuma, Ingwer und Zwiebel mischen. Möhren hinzufügen.
5. Mit Gemüsebrühe und Kokosmilch aufgießen. 15 Minuten zugedeckt köcheln lassen. Limette hinzugeben und pürieren. Mit Salz und Pfeffer abschmecken.

Gazpacho mit Erdbeeren

Schwierigkeit: Leicht
Zubereitungszeit: mehr als 90 Minuten

Zutaten für 4 Portionen	
1 Knoblauchzehe	400 g Tomaten
5 Stängel Petersilie	300 g Erdbeeren
1-2 EL Olivenöl	Salz & Pfeffer

Zubereitung:

1. Tomaten waschen und Stielansätze entfernen. Dann halbieren und Kerne herauskratzen. Tomaten in einen Mixer geben.
2. Erdbeeren waschen, das Grün entfernen und 4 Erdbeeren zur Seite legen. Restliche Erdbeeren unter die Tomaten geben. Petersilie waschen und fein hacken. Knoblauch schälen und hacken. Beides zu den Tomaten geben und pürieren.
3. Suppe für 4 Stunden im Kühlschrank kühlen.
4. Gazpacho in tiefen Tellern anrichten, mit etwas Olivenöl beträufeln und je eine Erdbeere halb schneiden und auf einen Teller geben.

Rotwein Salsicce

Schwierigkeit: Leicht
Zubereitungszeit:30 Minuten

Zutaten für 4 Portionen	
400 g Salsicce Wurst	2 Knoblauchzehen
2 Zweige Thymian	100 ml Rotwein, trocken
2 TL Honig	2 Chilischoten, getrocknet

Zubereitung:

1. Wurst aus der Haut drücken.
2. Thymian waschen und fein hacken.
3. Knoblauch schälen und in feine Scheiben schneiden.
4. Chilischote fein hacken.
5. Pfanne auf den Herd stellen und Knoblauch, Wurst und Thymian anrösten.
6. Wein und Honig in die Pfanne geben und garen. Dann die Würstchen auf einen Teller geben und Zahnstocher hineinstecken, damit man sie leichter essen kann.

Chili Rührei

Schwierigkeit: Leicht
Zubereitungszeit:15 Minuten

Zutaten für 2 Portionen	
4 Eier	1 Chilischote, rot
100 g Cocktailtomaten	2 EL Sahne
1 EL Butter	Salz

Zubereitung:

1. Chili waschen, halb schneiden und Kerne entfernen. Fein hacken.
2. Tomaten waschen und halb schneiden.
   Sahne, Salz und Eier mischen.
3. Butter in einer Pfanne erhitzen. Tomaten unter Rühren 4 Minuten braten.
4. Chili mit Ei mischen und über die Tomaten gießen,
5. Unter Rühren stocken lassen.

Quinoa-Frühstück

Schwierigkeit: Leicht
Zubereitungszeit:30 Minuten

335 Kcal pro Portion, Zutaten für 3 Portionen:	
300 ml Wasser oder Milch	2 Esslöffel Sonnenblumenkerne
100 g Quinoa	Obst nach Wahl

Zubereitung:

1. Wasser oder Milch zum Kochen bringen, währenddessen den Quinoa mit kaltem Wasser abspülen, bis das Wasser klar bleibt.
2. Den Quinoa in die kochende Flüssigkeit geben und bei kleiner Hitze ca. 15 Minuten garen, die Körner sollten weich sein.
3. Dann vom Herd nehmen, gut umrühren und noch für ca. 5 Minuten quellen lassen.
4. Das Obst in kleine Stücke schneiden.
5. Den Quinoa in zwei Schalen verteilen, das Obst darüber geben und mit etwas Honig beträufeln.

Müsli mit Früchten

Schwierigkeit: Leicht
Zubereitungszeit:10-15 Minuten

Zutaten für 2 Portionen:	
60 g Hirse	25 g Kokosnussflocken
25 g Kakao	125 g Joghurt
2 Birnen	125 g Himbeeren
150 g Erdbeeren	Honig nach Geschmack

Zubereitung:

1. Hirse und Kokosnussflocken mit dem Joghurt vermischen und nach Geschmack mit Honig süßen.
2. Die Beeren waschen und trocknen, dann eventuell halbieren.
3. Birnen gründlich waschen und in Scheiben schneiden.
4. Die Beeren auf das Müsli geben, die Birnenscheiben darauf legen.
5. Mit Kakao bestäuben.

Banane und Blaubeeren mit Chia-Samen

Schwierigkeit: Mittel
Zubereitungszeit:10 Minuten, muss aber über Nacht quellen

128 kcal pro Portion, Zutaten für 4 Portionen:	
4 Esslöffel Chia-Samen	400 ml Mandelmilch
Mark von einer halben Vanilleschote und etwas gemahlenen Kardamom	250 g Blaubeeren
1 Banane	Ahornsirup oder Honig

1. Die Mandelmilch mit dem Mark der Vanilleschote und dem Kardamom verrühren.
2. Die Chia-Samen unterrühren und auf vier Schalen verteilen.
3. Über Nacht im Kühlschrank quellen lassen.
4. Am nächsten Morgen die Banane schälen und in Stücke schneiden.
5. Die Blaubeeren waschen und trocknen.
6. Mit dem Sirup oder Honig mischen und die Chia-Samen geben.

Am Abend davor Zubereiten, quellen lassen und am nächsten Morgen genießen!

Joghurt mit Haselnuss & Himbeeren

Schwierigkeit: Mittel
Zubereitungszeit: 8-10 Minuten

180 g Joghurt	50 g gehackte Haselnüsse
200 g Himbeeren	55 g dunkle Schokolade

Zubereitung:

1. Schokolade fein hacken oder raspeln.
2. Himbeeren waschen und vorsichtig trockentupfen.
3. Haselnüsse mit dem Joghurt verrühren und die Himbeeren vorsichtig unterheben.
4. Mit der Schokolade bestreuen und anrichten.

Joghurt mit Bananen, Ananas & Walnüssen

Schwierigkeit: Mittel
Zubereitungszeit: 20 Minuten

258 kcal pro Portion, Zutaten für 1 Portion	
10 g Walnusskerne	½ TL Sesamöl
50 g Ananas	100 g Banane
Zitronensaft	150 g Joghurt mit 1,5% Fettverbrennung
etwas Anis und Honig	

Zubereitung:

1. Die Walnusskerne grob hacken.
2. Die Banane schälen, in kleine Stücke schneiden und mit dem Zitronensaft beträufeln.
3. Ananas schälen und ebenfalls in kleine Stücke schneiden.
4. Dann die Ananasstücke kurz in einer heißen Pfanne mit etwas Sesamöl bei mittlerer Hitze anbraten.
5. Auf 2 Schalen verteilen und abkühlen lassen.
6. Den Joghurt mit Anis und Honig verrühren und über das Obst geben.
7. Die Walnüsse darüber streuen.

Müsli mit Erdbeeren

Schwierigkeit: Leicht
Zubereitungszeit: 5-10 Minuten

100 g Erdbeeren	40 g entsteinte Datteln
15 g Kokosflocken	10 g gepuffter Buchweizen
25 g Buchweizenflakes	Kakaopulver

Zubereitung:

1. Joghurt mit den Kokosflocken und dem Buchweizen vermischen.
2. Datteln klein schneiden, Erdbeeren waschenund eventuell klein schneiden.
3. Beides zur Joghurt-Masse geben und unterheben.
4. Vor dem Servieren mit Kakaopulver verfeinern.

Ingwer-Joghurt mit Mandarinen & Honig

Schwierigkeit: Leicht
Zubereitungszeit: 5-10 Minuten

118 kcal pro Portion, Zutaten für 1 Portion	
5 g frischer Ingwer	1 Mandarine
1 Teelöffel flüssiger Honig	150 g Joghurt (1,5% Fett)
Minze	

Zubereitung:

1. Den Ingwer schälen, ganz fein hacken und mit dem Joghurt vermischen.
2. Die Mandarine schälen und das Fruchtfleisch aus den Trennhäuten lösen, dabei den Saft auffangen.
3. Den Saft mit dem Honig zum Joghurt geben und gut verrühren.
4. Zuletzt die Mandarinenfilets unterheben und mit der gehackten Minze betreuen.

Hähnchensalat mit Erdbeeren

Schwierigkeit: Leicht
Zubereitungszeit:30 Minuten

Zutaten für 4 Portionen	
275 g Erdbeeren	400 g Hähnchenbrust
1 Eisbergsalat	4 EL Rapsöl
½ Baguette	2 EL Apfelessig
200 g Parmesan, gerieben	200 ml saure Sahne (Fettarm)
Salz	Pfeffer

Zubereitung:

1. Hähnchenbrust abwaschen, trocken tupfen und Würfeln.
2. In einer Pfanne 2 EL Öl erhitzen und Hähnchen von allen Seiten darin anbraten. Das Fleisch aus der Pfanne nehmen.
3. In einer Pfanne 1 EL Öl erhitzen. Brot in grobe Würfel schneiden und darin anbraten. Mit dem Fleisch mischen.
4. Salat waschen und in feine Streifen schneiden.
5. Erdbeeren waschen und in Viertel schneiden. Salat, Erdbeeren und Fleisch mischen.
6. saure Sahne, 1 EL Öl, Essig, Parmesan und vermischen.
7. Zum Schluss Dressing vor dem Servieren über den Salat geben.

Spinatsalat mit Erdbeeren

Schwierigkeit: Leicht
Zubereitungszeit:25 Minuten

Zutaten für 4 Portionen	
300 g Spinat	275 g Erdbeeren
2 EL Himbeeressig	1 TL Akazienhonig
2 EL Distelöl	Salz
2 EL Haselnussöl	Pfeffer

Zubereitung:

1. Spinat gründlich waschen und die Stiele entfernen. Erdbeeren waschen und 3 Stück zur Seite legen. Restliche Erdbeeren mit der Gabel zerdrücken.
2. Öle, Erdbeermus, Essig, Salz und Pfeffer mischen.
3. Die 3 Erdbeeren in Scheiben schneiden. Mit dem Erdbeermus und dem Spinat vermischen.
4. Anrichten und genießen.

Räucherfischsalat mit Walnüssen

Schwierigkeit: Leicht
Zubereitungszeit:60 Minuten

Zutaten für 5 Portionen	
3 Spitzpaprika, gelb	500 g Räucherfisch
3 Frühlingszwiebeln	80 g Walnusskerne
4 EL Kräuteressig	1 Chilischote, grün
2 EL Walnuss Öl	3 EL Sonnenblumenöl
Salz	Pfeffer
2 Stängel Koriander	2 Stängel Petersilie

Zubereitung:

1. Räucherfisch in Stücke schneiden.
2. Paprika waschen, putzen und in grobe Streifen schneiden.
3. Räucherfisch mit der Paprika vermischen.
4. Frühlingszwiebeln waschen und in feine Ringe schneiden.
5. Chili fein hacken und mit den Frühlingszwiebeln mischen. Dann mit beiden Ölen, dem Essig, Salz und Pfeffer mischen.
6. Petersilie und Koriander waschen, trocken und fein hacken.
7. Räucherfisch mit der Sauce mischen und mit den Kräutern verfeinern.

Avocado Salat mit Erdbeeren

Schwierigkeit: Leicht
Zubereitungszeit:45 Minuten

Zutaten für 2 Portionen	
150 g Ziegenfrischkäse	1 Knoblauchzehe
50 g Magerquark	1 Schalotte
1TL Johannisbrotkernmehl	10 ml Olivenöl
1 Avocado	175 g Erdbeeren
1 EL Pinien Kerne	1 EL Zitronensaft
Salz	Pfeffer

Zubereitung:

1. Schalotte und Knoblauch schälen und fein hacken.
2. Frühlingszwiebel waschen und in feine Ringe schneiden.
3. Schalotten, Knoblauch und Frühlingszwiebeln in einer Pfanne andünsten.
4. Johannisbrotkernmehl, Quark und Ziegenfrischkäse mischen. Mit Salz und Pfeffer würzen. Creme für 10-15 Minuten im Kühlschrank stehen lassen.
5. Avocado halb schneiden, Kern entfernen und Fruchtfleisch heraus nehmen, in Scheiben schneiden.
6. Erdbeeren waschen, Kelchblätter entfernen und in Scheiben schneiden.
7. Avocado und Erdbeeren auf Tellern anrichten. Salzen und Pfeffer mit Zitronensaft beträufeln.
8. Ziegenfrischkäse in Nocken anrichten.
9. Pinienkerne in einer Pfanne anrösten und über den Salat streuen.

Frühlingssalat mit Erdbeeren

Wenn es schnell gehen muss!
Schwierigkeit: Leicht
Zubereitungszeit:20 Minuten

Zutaten für 4 Portionen	
150 g fertige Salatmischung (Wenn es schnell gehen muss)	1 Schalotte
275 g Erdbeeren	120 g Naturjoghurt
2 EL Orangensaft	2 TL Zitronensaft
1 Prise Zucker	Salz & Pfeffer

Zubereitung:

1. Salatmischung waschen und trocken schleudern.
2. Erdbeeren waschen, das Grün entfernen und halb schneiden.
3. Schalotte schälen und in Würfel schneiden.
4. Zitronensaft, Orangensaft und Joghurt mischen. Mit Zucker, Salz und Pfeffer abschmecken.
5. Salatmischung, Erdbeeren und Dressing mischen und Servieren.

Nudelsalat mit Rettich und Tofu asia

Schwierigkeit: Mittel
Zubereitungszeit:30 Minuten

575 kcal pro Portion	
90 g fester Tofu	60 g Takuan
50 g Zuckerschoten	1 Frühlingszwiebel
Saft einer halben Limette	1 – 2 Esslöffel Sesam
1 Esslöffel Sojasauce	80 g Soba-Nudeln
20 ml Gemüsebrühe	½ Teelöffel Agavendicksaft
Salz	

Zubereitung:

1. Nudeln nach Anweisung garen, abgießen, abschrecken und zur Seite stellen.
2. Den Sesam ohne Fett in einer Pfanne rösten und im Mörser noch warm zermahlen.
3. Sojasauce, Limettensaft, Brühe und Agavendicksaft verrühren, den Sesam dazugeben und unterrühren.
4. Die Zuckerschoten putzen, waschen und kurz in kochendem Salzwasser blanchieren, abgießen und mit kaltem Wasser abschrecken.
5. Den Takuan in feine Streifen schneiden.
6. Die Frühlingszwiebel putzen und in sehr dünne Scheiben schneiden.
7. Zuckerschoten, Takuan, Frühlingszwiebeln und Nudeln mischen. ¾ der Sesamsauce zugeben, vermischen und ziehen lassen.
8. Den Tofu in feine Scheiben schneiden und in der restlichen Sojasauce marinieren.
9. Eine Pfanne erhitzen und die Tofuscheiben von jeder Seite ca. 2 Minuten braten. Gemeinsam anrichten.

Salat mit Avocado und Lachs

Schwierigkeit: Mittel
Zubereitungszeit:30 Minuten

Zutaten für 1 Portion	
50 g Rucola	je 15 g Petersilie und Sellerieblätter
30 g Stangensellerie	50 g Lachs
50 g Avocado	15 g Zwiebel
1 Dattel	25 g gehackte Walnusskerne
1 Esslöffel Kapern	Limettensaft
Olivenöl	Pfeffer
Salz	

Zubereitung:

1. Avocado halbieren, entkernen und das ausgelöste Fruchtfleisch in feine Scheiben schneiden.
2. Zwiebel schälen und in Würfel schneiden.
3. Rucola waschen und eventuell kleiner zupfen.
4. Petersilie waschen und hacken.
5. Sellerie waschen und in Würfel schneiden.
6. Dattel fein hacken.
7. Lachs klein schneiden und in einer Pfanne kurz anbraten, wer mag kann den Lachs auch roh dazu geben.
8. Alle Zutaten in eine Schüssel geben und mischen.
9. Mit Salz, Pfeffer, Olivenöl und Limettensaft eine Marinade herstellen, abschmecken und über den Salat geben, untermischen.

Eiersalat Speziale

Schwierigkeit: Mittel
Zubereitungszeit:30-40 Minuten

302 kcal pro Portion, Zutaten für 2 Portionen	
50 g braune Champignons	1 Knoblauchzehe
je eine halben Teelöffel Senf und Sesamöl	2 Eier
2 kleine getrocknete Tomaten	225 g Brokkoli
100 g Joghurt (Fettarm)	1 Teelöffel Pinien- oder Cashewkerne
Salz und Pfeffer	

Zubereitung:

1. Die Eier hartkochen, abschrecken, pellen und auskühlen lassen.
2. Brokkoli in kleine Röschen teilen und in kochendem Salzwasser bei mittlerer Hitze abgedeckt für ca. 8 Minuten dünsten.
3. Die Tomaten in dünne Streifen schneiden und kurz vor Ende der Garzeit zum Brokkoli geben und mitdünsten.
4. Dann abgießen, abtropfen lassen und auskühlen lassen.
5. Die Kerne in einer Pfanne ohne Fett anrösten, aus der Pfanne nehmen und auskühlen lassen.
6. Champignons putzen und in Scheiben schneiden.
7. Knoblauch schälen und pressen, mit Pfeffer, Salz, Senf und Öl zum Joghurt geben und miteinander verrühren.
8. Die Pilze mit den Tomaten und dem Brokkoli zum Dressing geben und vorsichtig unterheben.
9. Die Eier in Scheiben schneiden und ebenfalls unterheben.
10. Auf einem Tellern anrichten und mit den Kernen dekorieren.

Karotten-Apfel-Salat mit Porree

Schwierigkeit: leicht
Zubereitungszeit:25-30 Minuten

Zutaten für 4 Portionen	
2 säuerliche Äpfel	3 Karotten
3 Stangen Porree	2 Zwiebeln
Petersilie & Schnittlauch	Limettensaft
Rapsöl	Senf
225 g saure Sahne	Pfeffer und Salz

Zubereitung:

1. Porree in feine Ringe schneiden.
2. Äpfel und Karotten schälen und Würfeln.
3. Zwiebeln schälen und ebenfalls in Würfel schneiden.
4. Schnittlauch und Petersilie waschen und hacken.
5. Saure Sahne mit dem Öl und dem Limettensaft verrühren, mit Pfeffer, Salz, und Senf abschmecken.
6. In einer Pfanne etwas Rapsöl erhitzen und die Zwiebeln darin glasig werden lassen.
7. Äpfel, Karotten und Porree zugeben und etwas mit anbraten.
8. Anschließend zur Seite stellen und abkühlen lassen.
9. Alle Zutaten in einer Schüssel miteinander vermischen.

Hähnchenbrust auf Salat

Schwierigkeit: leicht
Zubereitungszeit:20-25 Minuten

je 60 g Rucola, Chicorée und Sellerie	125 g Hähnchenbrustfilet
80 g Avocado	1 kleine rote Zwiebel
25 gehackte Walnusskerne	1 Dattel, gehackt
je 10 g Petersilie und Sellerieblätter	1 Esslöffel Kapern
1 Esslöffel Olivenöl	2 Esslöffel Zitronensaft

Zubereitung:

1. Sellerieblätter und Petersilie waschen und hacken.
2. Rucola putzen und eventuell kleiner zupfen.
3. Chicorée waschen und fein schneiden.
4. Zwiebel schälen und in grobe Würfel schneiden.
5. Avocado halbieren, entkernen und das Fruchtfleisch auslösen, klein schneiden.
6. Fleisch in Streifen schneiden, nach Geschmack würzen und in einer Pfanne mit etwas Öl braten.
7. Zitronensaft mit etwas Öl verrühren.
8. Alle Zutaten bis auf das Fleisch in einer Schüssel mischen und mit dem Zitronensaft-Öl-Gemisch beträufeln.
9. Zum Schluss die Fleischstreifen auf den Salat geben.

Avocado-Grapefruit Salat

Schwierigkeit: Mittel
Zubereitungszeit:35-40 Minuten

360 kcal pro Portion, Zutaten für 1 Portion	
10 g Brunnenkresse	½ Frühlingszwiebel
120 g reife Avocado	280 g Grapefruit
Zitronensaft	1 Teelöffel Honig
1 Esslöffel Olivenöl	Salz, Pfeffer
etwas Piment & Kardamom	

Zubereitung:

1. Avocado halbieren, den Kern auslösen, schälen und in Streifen schneiden.
2. Frühlingszwiebel putzen und in Ringe schneiden.
3. Grapefruit so schälen, dass die Innenhaut entfernt wird. Dann zwischen den Trennhäuten einschneiden und so die Filets auslösen, den Saft auffangen.
4. Brunnenkresse von den Stielen befreien, dann waschen und vorsichtig trocknen.
5. Grob hacken.
6. Zitronensaft, Öl, Honig, 2 Teelöffel Grapefruitsaft, Piment und Kardamom verrühren.
7. Mit Salz und Pfeffer abschmecken.
8. Avocado, Frühlingszwiebel, Grapefruit auf einem Teller anrichten.
9. Ca. 2/3 des Dressing darüber geben.
10. Restliches Dressing mit Brunnenkresse mischen und mit auf die Teller geben.

Chilli, Curry-Birnen Salat

Schwierigkeit: Leicht
Zubereitungszeit:20-25 Minuten

80 g Birnen	70 g Apfel
je 100 g Karotten und Knollensellerie	50 g Rucola
40 g Chicorée	1 kleine Zwiebel
50 g gehackte Walnusskerne	Petersilie und Sellerieblätter
1 Esslöffel Kapern	Rapsöl und Balsamico
Limettensaft	Senf
Salz, Pfeffer und Curry	

Zubereitung:

1. Sellerie schälen und raspeln.
2. Karotte, Birnen, Apfel und schälen und Würfeln.
3. Chicorée putzen und klein schneiden.
4. Rucola waschen und kleiner zupfen.
5. Zwiebel schälen und in feine Würfel schneiden.
6. Aus Limettensaft, Öl, Balsamico und Senf eine Marinade herstellen und mit Pfeffer, Curry, und Salz abschmecken.
7. Alle Zutaten in eine Schüssel geben und mischen.
8. Petersilie und Sellerieblätter fein hacken dekorieren.

Kichererbsensalat mit Blumenkohl

Schwierigkeit: Leicht
Zubereitungszeit: 25 Minuten

281 kcal pro Portion, Zutaten für 1 Portion	
¼ Dose Kichererbsen	60 g Zuckerschoten
1/4 Blumenkohl	1 entsteinte Dattel
Limettensaft	1 Teelöffel Sesamöl
20 ml Gemüsebrühe	1 Esslöffel Joghurt (3,5%)
etwas Petersilie, Koriander und Kreuzkümmel	

Zubereitung:

1. Blumenkohl waschen und in kleine Röschen teilen.
2. Sesamöl in einer Pfanne erhitzen und den Blumenkohl darin scharf anbraten.
3. Pfeffer und Salz dazugeben, die Gemüsebrühe dazu gießen und einmalig aufkochen lassen.
4. Vom Herd nehmen und zur Seite stellen.
5. Dattel klein schneiden.
6. Zuckerschoten halbieren.
7. Kichererbsen unter fließendem, kaltem Wasser abspülen.
8. Limettensaft und Joghurt und etwas Sesamöl verrühren.
9. Die gehackte Petersilie zugeben und mit Koriander und Kreuzkümmel würzen.
10. Zuckerschoten, Brokkoli, Dattel und Kichererbsen vorsichtig mit dem Dressing mischen.
11. Auf Tellern anrichten.

Kunterbunter Salat

Schwierigkeit: Mittel
Zubereitungszeit: 30 Minuten

Zutaten für 2 Portionen	
50 g Spinat	120 gelbe Paprika
100 g Rotkohl	80 g Kichererbsen
10 g gehackte Walnusskerne	½ Blutorange
je einen Teelöffel Orangensaft, Honig & Senf	Salz, Pfeffer und Kurkuma

Zubereitung:

1. Walnusskerne in einer Pfanne kurz anrösten, herausnehmen und zur Seite stellen.
2. Rotkohl raspeln.
3. Paprika putzen und kleine Würfeln.
4. Kichererbsen waschen und gut abtropfen lassen.
5. Spinat putzen und kleiner schneiden.
6. Blutorange schälen und klein schneiden.
7. Orangensaft, Honig und Senf verrühren und mit Kurkuma, Salz und Pfeffer abschmecken.
8. Alle Zutaten in einer Schüssel geben und mit dem Dressing vermischen.

Kartoffelsalat mal anders

Schwierigkeit: Mittel
Zubereitungszeit: 20-25 Minuten

Zutaten für 2 Portionen	
40 g Feldsalat	½ Aubergine
180 g Süßkartoffeln	50 g Paprika
je eine Zwiebel und eine Knoblauchzehe	Limettensaft
1 Esslöffel Sesamöl	1 Teelöffel Gemüsebrühe
etwas Senf & Apfeldicksaft	ein kleines Stück Ingwer
Salz und Pfeffer	Chiliflocken
Kurkuma	Kreuzkümmel
Koriander	

Zubereitung:

1. Die Aubergine waschen und in mundgerechte Stücke schneiden.
2. Süßkartoffeln schälen und ebenfalls in mundgerechte Stücke schneiden.
3. Zwiebel und Knoblauch schälen und fein hacken.
4. In einer heißen Pfanne zuerst die Zwiebeln und den Knoblauch in etwas Öl anbraten.
5. Kartoffeln und Aubergine dazugeben, mit Koriander und Kreuzkümmel würzen und ca. 5 Minuten bei mäßiger Hitze braten.
6. Paprika waschen, entkernen und klein schneiden.
7. Ingwer schälen und fein hacken.
8. Brühe, Öl, Senf und Apfeldicksaft verrühren und die übrigen Gewürze hinzugeben.
9. Mit dem Limettensaft abschmecken.
10. Auberginen & Kartoffeln mit der Paprika in eine Schüssel geben und mit der Marinade vermischen.

Salat mit Avocado und Brunnenkresse

Schwierigkeit: Leicht
Zubereitungszeit: 20-25 Minuten

Zutaten für 3 Portionen	
100 g gewürfelte Avocado	80 g gewürfelter Sellerie
75 g gehackte Zwiebel	25 g gehackte Haselnusskerne
100 g geputzte und kleingeschnittene Brunnenkresse	je 10 g gehackte Petersilie und Sellerieblätter
3 Datteln	2 kleingeschnittene Paprika
Salz & Pfeffer	Limettensaft
Olivenöl	

Zubereitung:

1. Öl und Limettensaft verrühren, mit Salz und Pfeffer abschmecken.
2. Die übrigen Zutaten in eine Schüssel geben und mit der Marinade vermischen.

Sellerie-Salat

Schwierigkeit: Leicht
Zubereitungszeit: 25 Minuten

Zutaten für 1 Portion	
Pfeffer & Salz	100 g Knollensellerie
1 kleine Zwiebel, gewürfelt	je 50g Rucola & Apfel
40 g Chicorée	1 Esslöffel Kapern
etwas Petersilie & Liebstöckel	1 Esslöffel Olivenöl
je ein Teelöffel Senf & Balsamicoessig	etwas Zitronensaft

Zubereitung:

1. Apfel waschen, entkernen und in Würfel schneiden.
2. Sellerie schälen und fein Würfeln.
3. Chicorée & Rucola putzen und klein schneiden.
4. Diese Zutaten mit den Kapern in eine Schüssel

   geben und mischen.
5. Liebstöckel und Petersilie grob hacken und mit in die Schüssel geben.
6. Öl, Senf und Balsamicoessig vermischen und mit dem Zitronensaft verfeinern.
7. Nun über den Salat geben und alles gut mischen.
8. Zum Schluss mit Salz und Pfeffer abschmecken.

Taboule mit Erdbeeren & Buchweizen

Schwierigkeit: Leicht
Zubereitungszeit: 30 Minuten

Zutaten für 1 Portion	
55 g Buchweizen	125 g Erdbeeren, gewaschen & in Scheiben geschnitten
80 g Avocado	2 Tomaten
1 Zwiebel	3 Datteln
50 g Rucola	1 Esslöffel Kapern
30 g Petersilie	1 Esslöffel Olivenöl
2 Teelöffel Kurkuma	Zitronensaft

Zubereitung:

1. Buchweizen mit dem Kurkuma nach Packungsanweisung garen und abkühlen lassen.
2. Datteln entkernen und klein schneiden.
3. Avocado halbieren, entkernen, Fruchtfleisch auslösen und klein schneiden.
4. Tomaten waschen und in kleine Würfel schneiden.
5. Rucola putzen und eventuell kleiner zupfen.
6. Alle Zutaten bis auf die Erdbeeren und den Rucola mischen.
7. Mit Zitronensaft abschmecken und zum Schluss die Erdbeeren und den Rucola untermischen.

Himbeeren mit Kurkuma

Schwierigkeit: Leicht
Zubereitungszeit: 20-25 Minuten

Zutaten für 3 Portionen	
200 g Avocado	140 g Amaranth
300 g Himbeeren	je 100 g Rucola & Datteln
2 rote Zwiebel	160 g Tomaten
4 Esslöffel Rapsöl	Petersilie
2 Teelöffel Kapern	etwas Limettensaft
Pfeffer	Salz
Kurkuma	

Zubereitung:

1. Amaranth mit Kurkuma nach Anweisung garen und abkühlen lassen.
2. Himbeeren putzen und eventuell halbieren.
3. Avocado halbieren und entkernen, das ausgelöste Fruchtfleisch klein schneiden.
4. Zwiebel schälen und in feine Würfeln.
5. Tomaten waschen und in kleine Würfel schneiden.
6. Datteln entsteinen und klein schneiden.
7. Rucola putzen und kleiner zupfen.
8. Amaranth mit den anderen Zutaten mischen, die Himbeeren zum Schluss unterheben.
9. Eine Marinade aus Öl und Limettensaft herstellen, mit Pfeffer & Salz abschmecken und über den Salat geben.
10. Mit Rucola anrichten und Servieren.

Selleriecremesuppe

Schwierigkeit: Leicht
Zubereitungszeit: 25 Minuten

Zutaten für 2 Portionen	
350 ml Gemüsebrühe	½ Sellerieknolle
½ Töpfchen Kresse	1 TL Rapsöl
55 g Frischkäse	50 g Mais aus der Dose ungesüßt
Muskat	Salz & Pfeffer

Zubereitung:

1. Sellerie schälen und in Würfeln.
2. Öl in einer Pfanne erhitzen und Sellerie darin anbraten. Brühe dazugeben und 8 Minuten kochen lassen.
3. Kresse waschen und hacken. Mais mit kaltem Wasser abspülen und abtropfen lassen.
4. Hälfte der Kresse mit dem Frischkäse mischen. Brühe des Sellerie dazugeben und alles zerkleinern.
5. Mais in die Suppe geben. Mit Muskat, Salz & Pfeffer abschmecken.
6. Suppe vor dem Servieren mit den restlichen Kresse Blättchen bestreuen.

Kartoffelsuppe mit Petersilienöl

Schwierigkeit: Leicht
Zubereitungszeit:45 Minuten

Zutaten für 2 Portionen	
275 g Kartoffeln, mehlig kochend	1 Packung Suppengrün
1 EL Butter	3 EL Rapsöl
½ L Gemüsebrühe	½ Bund Petersilie
1 Chilischote, grün	2 EL Creme fraiche
Salz	Pfeffer

Zubereitung:

1. Kartoffeln schälen und fein Würfeln.
2. Suppengrün schälen und klein schneiden.
3. Butter in einem Topf erhitzen, Suppengrün und Kartoffeln darin anbraten. Gemüsebrühe hinzueben und für 8-10 Minuten bei mittlerer Hitze garen.
4. In der Zwischenzeit Petersilie waschen und hacken. Chili waschen, halb schneiden, Kerne entfernen und fein hacken. Chili und Petersilie mit dem Öl mischen.
5. Nun Suppe im Topf pürieren.
6. Creme fraiche, Salz und Pfeffer zur Suppe geben.
7. Beim Servieren mit Petersilienöl verfeinern.

Rahmnudeln mit Walnüssen

Schwierigkeit: Leicht
Zubereitungszeit:50 Minuten

Zutaten für 4 Portionen	
40 g Butter	500 g Fettuccine Nudeln
300 g saure Sahne	200 g Walnusskerne
2 Knoblauchzehen	Salz

Zubereitung:

1. Walnüsse fein hacken. Knoblauchschälen und in feine Scheiben schneiden.
2. Nudeln in 5 Litern kochendem Salzwasser garen. (bissfest)
3. Nudeln abgießen.
4. Butter in einer Pfanne erhitzen und Nüsse mit dem Knoblauch anbraten. Nun Nudeln dazu geben.
5. Saure Sahne in einem kleinen Topf erwärmen und wenn flüssig über die Nudeln gießen.
6. Anrichten und warm servieren.

Kürbissalat mit Chili

Schwierigkeit: Leicht
Zubereitungszeit:60 Minuten

Zutaten für 4 Portionen	
1 kleiner Kürbis, Hokkaido	2 Knoblauchzehen
2 Chilischoten, rot	4 EL ÖL
1 Stange Lauch	1 Stück Ingwer, 2 cm lang
1 Limette, Bio	1 Orange , Bio
2 EL Sesam Samen	1 TL Ahorn Sirup
1EL Koriander, frisch gehackt	Salz

Zubereitung:

1. Kürbis waschen, Kerne entfernen und mit Schale in 2 cm große Würfel schneiden. Ingwer und Knoblauch schälen und fein hacken. Chili waschen und mit Kernen in feine Ringe schneiden.
2. Lauch aufschneiden, waschen und in Streifen schneiden.
3. In einer Pfanne 2 EL Öl erhitzen und Kürbis darin erhitzen. Salzen und 8 Minuten garen.
4. Sesam in einer zweiten Pfanne ohne Fett anrösten.
5. Limette und Orange mit heißem Wasser abwaschen und die Hälfte der Schalen abreiben. Saft auspressen.
6. Ahornsirup mit Saft, Schale, Sesamöl und restlichem Öl mischen.
7. Mischung zum Kürbis geben und 2 Minuten braten. Beim Servieren mit Sesam und Koriander bestreuen.

Nudeln mit Tomaten Walnuss Pesto

Schwierigkeit: Leicht
Zubereitungszeit:30 Minuten

Zutaten für 2 Portionen	
100 g Walnusskerne	250g Nudeln nach Wahl
4 EL Olivenöl	1 TL Harissa Gewürz
1 Tomate	5 Stängel Petersilie

Zubereitung:

1. Nudeln in Salzwasser garen.
2. Walnüsse in einer Pfanne ohne Fett anrösten. Fein hacken. Mit Harissa und 3 EL Olivenöl mischen. Petersilie waschen, hacken und dazu geben. Tomate klein würfeln und hinzufügen.
3. Nudeln abgießen und mit dem Pesto und dem restlichen Olivenöl mischen.

Selleriesticks mit Sesam

Schwierigkeit: Mittel
Zubereitungszeit:90 Minuten

Zutaten für 4 Portionen	
1 Knolle Sellerie	4 EL Sesamsamen
2 EL Öl	Salz

Zubereitung:

1. Sellerie waschen und im Ganzen in einem Topf mit 1 EL Öl garen. Nach 45 Minuten dem Topf entnehmen und mit kaltem Wasser abschrecken. Auskühlen lassen.
2. Sellerie schälen und kleine Stäbchen schneiden. Etwas Salzen.
   Sesam auf einen Teller geben und Sellerie darin wenden.
3. Restliches Öl in einer Pfanne erhitzen und den Sellerie darin ausbacken.

Lauchkuchen mit Ziegenkäse und Walnüssen

Schwierigkeit: Leicht
Zubereitungszeit:60 Minuten

Zutaten für 4 Portionen	
300 g Blätterteig, TK	150 g Kirschtomaten
600 g Lauch	100 g Ziegenkäserolle
2 EL Öl	30 g Walnusskerne
3 Eier	150 g Schmand
Salz	Pfeffer

Zubereitung:

1. Backofen auf 200 Grad vorheizen.
2. Mehl auf der Arbeitsfläche verteilen und Blätterteigteigplatten zum Auftauen nebeneinander legen.
3. Lauch halb schneiden, waschen und in dünne Scheiben schneiden.
4. Öl in einem Topf erhitzen und Lauch unter Rühren 5 Minuten anbraten. Salzen und pfeffern.
5. Schmand und Eier mischen. Salzen und pfeffern.
6. Tomaten waschen und halb schneiden.
7. Blätterig an den Rändern übereinander legen und zu einem dünnen Rechteck rollen.
8. Springform mit dem Teig auslegen.
9. Lauch in die Form geben und mit Tomaten belegen. Schmandmasse darüber gießen.
10. Ziegenkäse in Stücke schneiden und darauf legen.
11. Walnüsse grob hacken und darüber streuen.
12. Überstehenden Blätterteig über die Masse zur Mitte hin zusammenklappen.
13. Kuchen für 25 Minuten bei 180 Grad ausbacken.

Petersilienwurzelcreme mit Petersilienöl

Schwierigkeit: Leicht
Zubereitungszeit:60 Minuten

Zutaten für 4 Portionen	
¾ L Gemüsebrühe	500 g Petersilienwurzel
1 EL Butter	2 Zwiebeln
250 ml Sahne	150 ml Weißwein
Muskat	1 Bund Petersilie
8 EL Rapsöl	Salz & Pfeffer

Zubereitung:

1. Petersilienwurzel und Zwiebel schälen. Beides in grobe Würfel schneiden.
2. Butter in einem Topf schmelzen und Petersilienwurzel mit Zwiebel anbraten. Mit Wein ablöschen und Gemüsebrühe hinzugeben. 5 Minuten dünsten lassen.
   Sahne eingießen. Mit Muskat, Salz und Pfeffer abschmecken. 25 Minuten bei mittlerer Hitze garen lassen.
3. Petersilie waschen und fein hacken. Mit dem Öl mischen.
4. Suppe pürieren und vor dem Servieren mit dem Petersilienöl beträufeln.

Risotto mit Walnüssen und Bohnen

Schwierigkeit: Leicht

Zubereitungszeit:30 Minuten

Zutaten für 1 Portion	
1 Stängel Petersilie	1 Knoblauchzehe
100 g Stangenbohnen	50 g Walnusskerne
½ Zwiebel	40 g Reis, parboiled
10 g Parmesan, gerieben	1 EL Rapsöl
Salz & Pfeffer	1 Zitrone, Bio

Zubereitung:

1. Knoblauch und Zwiebel schälen und würfeln. Nüsse hacken,
2. Bohnen schräg schneiden, das 1 cm lange Stücke entstehen.
3. Topf ohne Fett aufstellen und Nüsse anrösten.
4. Reis, Bohnen, Knoblauch und Zwiebel hineingeben.
5. Mit 200 ml Wasser ablöschend und bei kleiner Hitze 15 Minuten köcheln lassen.
6. Zitrone mit heißem Wasser abwaschen und Schale abreiben. Saft auspressen.
7. Petersilie waschen und hacken.
8. Zitrone, Salz, Pfeffer und Petersilie unter den Reis mischen. Mit Parmesan bestreuen.

Merken! Sehr lecker!

Senf Eier mit Petersilienkartoffeln

Schwierigkeit: Leicht
Zubereitungszeit:60 Minuten

Zutaten für 4 Portionen	
1 kg Kartoffeln	350 ml Gemüsebrühe
8 Eier	½ Bund Petersilie
1 Zwiebel	4 EL Senf, mittelscharf
50 g Butter	Zucker
350 m Milch	40 g Mehl
Salz	Pfeffer

Zubereitung:

1. Kartoffeln schälen und in Stücke schneiden. In Salzwasser für 15 Minuten garen.
2. Eier für 8 Minuten hart kochen.
3. Zwiebel schälen und würfeln.
4. Butter in einem Topf erhitzen und Zwiebel andünsten. Mehl darüber geben und rühren. Mit Brühe und Milch aufgießen. Aufkochen und dann bei kleiner Hitze 5 Minuten köcheln lassen.
5. Petersilie waschen und fein hacken.
6. Eier abschrecken und pellen.
7. Senf in die Sauce rühren. Mit Pfeffer, Zucker und Salz abschmecken. Eier zur Sauce geben und zusammen mit den Kartoffeln servieren. Petersilie über die Kartoffeln streuen.

Spaghetti mit Knoblauch und Petersilie

Schwierigkeit: Leicht
Zubereitungszeit:25 Minuten

Zutaten für 4 Portionen	
400 g Spaghetti	3 Knoblauchzehen
2 Bund Petersilie	50 g Parmesan, am Stück
100 g Butter	Salz & Pfeffer

Zubereitung:

1. Spaghetti nach Anweisung kochen.
2. Knoblauch schälen und in Scheiben schneiden. Petersilie waschen und hacken. In einer Pfanne mit Butter andünsten. Etwas Nudelwasser hinzugeben.
3. Spaghetti abschütten und mit Salz und Pfeffer würzen. Sauce darüber geben und Parmesan darüber reiben.

Brokkoli Avocado Suppe mit Kurkuma

Schwierigkeit: Leicht
Zubereitungszeit:60 Minuten

Zutaten für 2 Portionen	
1 Zwiebel	500 g Brokkoli
1 Knoblauchzehe	1 Handvoll Spinat
1 Lorbeerblatt	500 ml Gemüsebrühe
2 TL Kokosöl	1 Avocado
1 Stück Kurkuma , 2 cm lang	1 Stück Ingwer, 2 cm lang
5 Stängel Koriander	1 Prise Cayennepfeffer
½ Zitrone, Bio	Salz

Zubereitung:

1. Brokkoli waschen und Rösschen abtrennen. Strunk in Würfel schneiden
2. Spinat waschen, Stiele abschneiden und grob hacken.
3. Knoblauch und Zwiebel schälen und fein hacken. Beides in einem Topf anbraten. Mit Brühe ablöschen. Spinat und Brokkoli hinzugeben und abdecken. Dann 10 Minuten köcheln lassen.
4. Ingwer und Kurkuma schälen und klein schneiden. Koriander waschen und fein hacken. Apfel halb schneiden, Kerne entfernen und in Würfel schneiden. Ingwer, Kurkuma, Lorbeerblatt und Apfel in die Suppe geben. Weitere 7 Minuten köcheln.
5. Topf vom Herd nehmen und den Lorbeer entnehmen. Avocado halb schneiden, den Kern entfernen und das Fruchtfleisch würfeln.
6. Suppe pürieren.
7. Vor dem Servieren noch mit der Hälfte des Zitronensaftes, Cayennepfeffer und Salz abschmecken.

Petersilienwurzel Spinat Quiche

Schwierigkeit: Leicht
Zubereitungszeit: mehr als 90 Minuten

Zutaten für 1 Quicheform	
4 Blätter Yufkateig	250 g Petersilienwurzel
200 g Schafskäse	500 g Spinat
2 EL Oliven, grün ohne Steine	300 g saure Sahne
2 Knoblauchzehen	3 Eier
2 Peperoni, eingelegt	Zucker
½ TL Thymian, frisch	Salz

Zubereitung:

1. Yufkateig in Größe der Quiche Form zurecht schneiden. Form buttern und die Teigblätter darin verteilen. Butter zerlassen und darüber gießen.
2. Spinat waschen, Stiele abschneiden und in Salzwasser 1 Minute kochen bis er zusammenfällt.
3. Petersilienwurzel schälen und raspeln.
4. Schafskäse in Stücke zerkrümeln.
5. Peperoni und Oliven hacken.
   Knoblauch schälen und hacken.
6. Backofen auf 200 Grad vorheizen.
7. Spinat ausdrücken und hacken. Dann mit Knoblauch, Thymian, Oliven und Peperoni mischen. Salzen und pfeffern.
8. Eier mit der sauren Sahne mischen. Mit Zucker und Salz abschmecken.
9. Spinat auf den Teig geben und mit den Eiern übergießen. Im Backofen 40 Minuten backen.

Tortellini mit Walnüssen

Schwierigkeit: Leicht
Zubereitungszeit:30 Minuten

Zutaten für 2 Portionen	
200 g Tortellini, frisch	80 g Walnusskerne
50 ml Gemüsebrühe	3 EL Frischkäse
Majoran, getrocknet	1 TL Apfelessig
2 EL Parmesan, frisch	1 EL Ahorn Sirup
80 ml Sahne	Salz & Pfeffer

Zubereitung:

1. Walnüsse hacken. Mit Sahne und Frischkäse mischen.
2. Creme mit Majoran, Salz und Pfeffer abschmecken.
3. Tortellini nach Anweisung kochen.
4. Creme mit Gemüsebrühe in eine Topf geben und aufkochen. Parmesan, Ahornsirup und Apfelessig hinzugeben.
5. Tortellini abschütten und mit der Sauce servieren.

Petersilien Zucchini Auflauf

Schwierigkeit: Leicht
Zubereitungszeit:90 Minuten

Zutaten für 2 Portionen	
2 Kartoffeln	2 Zucchini
1 Bund Petersilie	100 g Champignons
100 ml Milch	Muskat
1 Knoblauchzehe	2 EL Ajvar
Muskat	Pfeffer
Salz	Fett für die Form

Zubereitung:

1. Kartoffeln schälen und in dünne Scheiben schneiden. Zucchini waschen und in Scheiben schneiden. Pilze putzen und hobeln. Petersilie waschen und fein hacken.
2. Backofen vorheizen.
3. Auflaufform einfetten. Kartoffel und Zucchini mit Pilzen darin schichten. Jede Schicht mit Muskat, Salz und Pfeffer würzen und mit Petersilie bestreuen.
4. Milch mit dem Ajvar mischen. Knoblauch schälen, pressen und dazugeben. Milch über das Gemüse geben.
5. Im Ofen für 45 Minuten bei 200 Grad backen.

Buchweizen Champignon Bowl

Schwierigkeit: Leicht
Zubereitungszeit:60 Min

Zutaten für 2 Portionen Für die Bowl	
1 Zitrone	100 g Buchweizen
350 g Löwenzahn	1 Knoblauchzehe
1 EL Kokosöl	½ Zwiebel
150 g Champignons	2 EL Sprossen
Salz	Pfeffer

Für den Dip	
½ Paprika, rot	50 g Sonnenblumenkerne
4 Tomaten, getrocknet in Öl eingelegt	½ Apfel
1 TL Apfelessig	1 Prise Chiliflocken
1 Messerspitze Curry	1 TL Senf, mittelscharf
2 EL Sonnenblumenöl	Salz

Zubereitung:

1. Buchweizen in ein Sieb geben und mit warmen Wasser abspülen. Dann mit der doppelten Menge an Wasser und einer Prise Salz in einem Topf zum Kochen bringen. Hitze kleiner stellen und zudecken. 10 Minuten garen lassen. Danach mit einer Gabel auflockern.
2. Löwenzahn in Streifen schneiden. Dann in einem zweiten Topf mit Salzwasser für 5 Minuten kochen. Anschließend mit kaltem Wasser abschrecken.
3. Knoblauch und Zwiebel schälen und würfeln.
4. In einer Pfanne Kokosöl erhitzen und Zwiebel darin 2 Minuten braten. Knoblauch und Löwenzahn hinzufügen und bei mittlerer Hitze für 7 Minuten dünsten.

5. Zitrone halb schneiden und den Saft auspressen. Diesen über den Löwenzahn geben und salzen.
6. In der Zwischenzeit für den Dip die Sonnenblumenkerne ohne Fett anbraten. Paprika halb schneiden, Trennwände entfernen und würfeln. Apfel halbieren, Kerngehäuse entfernen und würfeln.
7. Paprika, Apfel, Sonnenblumenkerne und restliche Zutaten des Dips in einem Mixer mischen.
8. Pilze putzen und die Stiele herausschneiden. In zwei Schüsseln füllen. Löwenzahn dazu geben und die Sauce darüber gießen. Mit Buchweizen servieren.

Scharfe Pasta mit Knoblauch, Chili und Rosenkohl

Schwierigkeit: Leicht
Zubereitungszeit:30 Minuten

Zutaten für 4 Portionen	
400 g Nudeln	3 Knoblauchzehen
3 Chilischoten, rot	300 g Rosenkohl
4 EL Olivenöl	½ Bund Petersilie
3 EL Parmesan	Salz

Zubereitung:

1. Rosenkohl putzen und einzelne Blätter ablösen.
2. Chili längs halb schneiden, Kerne entfernen und würfeln.
3. Petersilie waschen und hacken,
4. Knoblauch schälen und in Scheiben schneiden.
5. Nudeln nach Anleitung kochen.
6. In einer Pfanne mit Öl Chili und Knoblauch anbraten und dann aus der Pfanne nehmen. Rosenkohl in die Pfanne geben. Knoblauch, Chili nach 3 Minuten hinzufügen.
7. Nudeln abschütten und mit der Mischung mischen.

Spinat Walnusspastete

Schwierigkeit: Mittel
Zubereitungszeit: mehr als 90 Minuten

Zutaten für 1 Pastete	
250 g Mehl	1 Ei
2 TL Pflanzenöl	1 TL Essig
750 g Blattspinat	2 Knoblauchzehen
3 Zwiebeln	75 g Walnusskerne
6 EL Butter	3 EL Joghurt
½ TL Muskat	½ TL Zimt
½ TL Piment	1 Eigelb
4 EL Tahin	500 g Vollmilch Joghurt
1 EL Zitronensaft	Salz & Pfeffer

Zubereitung:

1. Essig, 1 TL ÖL, 1 TL Salz, Ei, 8 EL Wasser und Mehl zu einem Teig kneten. Mit 1 EL Öl bepinseln und 20 Minuten gehen lassen.
2. Spinat waschen und Stiele abschneiden. In einem Topf bei starker Hitze mit wenig Wasser für 3 Minuten garen, bis er zusammenfällt. Abtropfen lassen.
3. Knoblauch und Zwiebeln schälen und fein hacken. Mit 2 EL Butter in einer Pfanne anbraten. Nüsse hacken. Zusammen mit Joghurt, Gewürzen und Zwiebel zum Knoblauch geben. Spinat hinzufügen.
4. Backofen auf 200 Grad vorheizen.
5. Restliche Butter in einem Topf schmelzen.
6. Hälfte des Teiges ausrollen und mit der Butter bestreichen.
7. Andere Hälfte des Teiges ausrollen und auf darauf legen. Dann komplette dünn ausrollen.
8. Backpapier auf ein Backblech legen und auf das Teigquadrat darauf legen. Füllung in die Mitte geben und die Ränder mit Ei bestreichen. Teigränder umklappen, so dass alles zugedeckt ist.

9. Ränder mit Eigelb bestreichen. Im Ofen für 30 Minuten backen.
10. Tahin in einem Glas rühren. 4 EL Zitronensaft und Joghurt dazu geben. Mit Salz und Pfeffer würzen und als Sauce zur Pastete servieren.

Fettuccine mit Knoblauchbutter

Schwierigkeit: Leicht
Zubereitungszeit:25 Minuten

Zutaten für 2 Portionen	
50 g Butter, weich	250 g Fettuccine
2 Knoblauchzehen	25 g Pinienkerne
6 EL Parmesan, frisch gerieben	Salz

Zubereitung:

1. Knoblauch schälen, hacken und mit einer Prise Salz bestreuen. Leicht andrücken. In die Butter rühren.
2. Fettuccine nach Anleitung garen und abschütten. In eine Schüssel geben, mit der Knoblauchbutter mischen und dem Parmesan bestreuen.

Bärlauch-Buchweizen mit Käse

Schwierigkeit: Leicht
Zubereitungszeit:45Min

Zutaten für 4 Portionen	
1 EL Creme fraiche	250 g Buchweizen
1 Bund Bärlauch	2 Stangen Lauch
6 Scheiben Raclette Käse	50 g Semmelbrösel
2 EL Butterschmalz	Salz
½ l Gemüsebrühe	Pfeffer
1 EL scharfer Senf	1 EL süßer Senf

Zubereitung:

1. Buchweizen in ein Sieb geben und mit kaltem Wasser abwaschen.
2. Obere dunkle Teile und Wurzeln vom Lauch abschneiden. Dann in Streifen schneiden.
3. Butter in einen Topf geben und Lauch darin andünsten.
4. Buchweizen in den Topf geben und mitbraten.
5. Brühe in den Topf gießen und abdecken. 20 Minuten garen.
6. Bärlauch waschen und fein hacken. Rinde vom Käse entfernen.
7. Den Senf miteinander mischen. Damit den Käse bestreichen.
8. Creme fraiche und Bärlauch zum Buchweiten geben. Mit Salz und Pfeffer würzen.
9. Käse in den Semmelbröseln wenden und bei starker Hitze mit etwas Butter in einer Pfanne anbraten.
10. Buchweizen auf Teller geben und mit dem Käse servieren

Sellerie mit Erdnusskruste

Schwierigkeit: Leicht
Zubereitungszeit:90 Minuten

Zutaten für 4 Portionen	
1 große Knolle Sellerie	2 EL + 2 TL Zitronensaft
3 Eier	120 g Mehl
200 g Naturjoghurt	100 g Erdnüsse, ungesalzen
125 ml Öl	150 g Salatmayonnaise
2 EL Chili Sauce	Pfeffer
100 g Semmelbrösel	Salz

Zubereitung:

1. Sellerie schälen und in Scheiben schneiden. In einem Liter Wasser mit Salz zum Kochen bringen. 2 EL Zitronensaft hinzufügen und Sellerie 12 Minuten garen.
2. Mehl auf einen Teller geben, auf einen zweiten die verquirlten Eiern geben und auf einen dritten Teller die Semmelbrösel verteilen. Erdnüsse hacken und mit den Semmelbröseln mischen.
3. Sellerie abschütten und abtropfen lassen.
4. Dann in Mehl, Ei und Semmelbröseln wenden.
5. Öl in einer Pfanne erhitzen und den Sellerie portionsweise darin ausbacken. Auf Küchenkrepp abtropfen lassen.
6. Mayonnaise, Joghurt, Zitronensaft und Chilisauce mischen. Als Dip zum Sellerie servieren.

Lammcurry mit Walnüssen

Schwierigkeit: Leicht
Zubereitungszeit: mehr als 90 Minuten

Zutaten für 4 Portionen	
1 kg Lammfleisch, aus der Keule	300 g Zwiebeln
1 TL Fenchel, gemahlen	3 Knoblauchzehen
2 EL Currypulver	40 g Ingwer, frisch
100 g Walnusskerne	400 g Tomaten
2 EL Rapsöl	2 EL Zitronensaft
3 Chilischoten, grün	Salz

Zubereitung:

1. Ingwer, Zwiebel und Knoblauch schälen und fein würfeln.
2. Tomaten waschen, das Grün entfernen und würfeln.
3. Chili halb schneiden und würfeln.
4. Chili, Ingwer, Knoblauch, Fenchel, Zwiebel, Curry und Zitronensaft mischen.
5. Lamm von den Sehnen und Fett befreien. Fleisch in 4 cm große Würfel schneiden. Mit Paste mischen und im Kühlschrank für 6 Stunden ziehen lassen.
6. Fleisch in einen Topf geben und aufkochen Zudecken und 1 ½ Stunden gar ziehen lassen.
7. Nach einer Stunde Tomaten und etwas Wasser hinzugeben.
8. Walnüsse grob hacken und in einer Pfanne anrösten.
9. Fleisch salzen und offen köcheln lassen, bis die Flüssigkeit verdampft ist.
10. Walnüsse über das Lammcurry streuen.

Zitronenhähnchen mit Kartoffeln und Knoblauch

Schwierigkeit: Leicht
Zubereitungszeit:90 Minuten

Zutaten für 2 Portionen	
2 Hähnchenkeulen, je 50 g	2 Zweige Thymian
2 TL Olivenöl, kaltgepresst	1 Zitrone, Bio
350 g Kartoffeln, festkochend	3 Knoblauchzehen
100 ml Gemüsebrühe	1 Bratschlauch
Salz	Pfeffer

Zubereitung:

1. Backblech aus dem Ofen nehmen. Ofen auf 220 Grad vorheizen.
2. Hähnchen am Gelenk durchschneiden, Haut entfernen, waschen und trocken tupfen.
3. Zitrone mit heißem Wasser abwaschen und Schale abreiben. Schälen und Zitronenfilets heraustrennen. Saft auffangen.
4. Thymian waschen und fein hacken.
5. Öl, Pfeffer, Salz, Thymian und Zitronenschale mischen.
6. Hähnchen mit der Mischung gut einreiben.
7. Kartoffeln schälen, würfeln und in salzen.
8. Knoblauch schälen.
9. Bratschlauch auf einer Seite verschließen. Dann Hähnchen, Knoblauch, Kartoffeln und Zitronenfilets hineingeben. Mit Brühe aufgießen und ganz verschließen.
10. Für 35 Minuten bei 200 Grad im Ofen backen.
11. Bratschlauch öffnen und servieren.

Kartoffeltortilla mit Knoblauchwurst

Schwierigkeit: Mittel
Zubereitungszeit:60 Minuten

Zutaten für 4 Portionen	
600 g Kartoffeln, festkochend	4 EL Olivenöl
1 Zwiebel	100 g Knoblauchwurst
6 Eier	Salz & Pfeffer

Zubereitung:

1. Kartoffeln schälen und in dünne Scheiben schneiden.
2. Wurst häuten und in dünne Scheiben schneiden. Zwiebel schälen und in Streifen schneiden.
3. Öl in einer Pfanne erhitzen. Zwiebeln, Wurst und Kartoffeln hineingeben und für 6 Minuten braten.
4. Eier mit Salz und Pfeffer mischen. Dann Eimasse über die Kartoffeln gießen, zudecken und 15 Minuten garen lassen.

Walnussmedaillions

Schwierigkeit: Leicht
Zubereitungszeit:30 Minuten

Zutaten für 4 Portionen	
400 g Schweinefilet	1 Bund Petersilie
2 EL Parmesan, frisch gerieben	1 Scheibe Toastbrot
3 EL Olivenöl	50 g Walnusskerne
1 Eiweiß	Salz & Pfeffer

Zubereitung:

1. Toastbrot zerbröseln.
2. Petersilie waschen und hacken. Walnüsse hacken.
3. Parmesan, Petersilie, Walnüsse und Toast mischen. Öl und Eiweiß dazugeben. Mit Salz und Pfeffer würzen.
4. Ofen auf 200 Grad vorheizen.
5. Filet abwaschen, abtupfen und in 8 Scheiben schneiden. Etwas flach drücken.
6. Öl erhitzen und Filet in einer Pfanne je Seite 1 Minute anbraten.
7. Dann in eine Auflaufform geben und mit der Walnusspaste bestreichen.
8. Dann 6 Minuten im Ofen grillen.

Hase mit Walnusskruste

Schwierigkeit: Leicht
Zubereitungszeit:45 Minuten

Zutaten für 4 Portionen	
4 Hasenfilets	50 g Walnüsse
1 EL Olivenöl	2 EL Walnuss Öl
500 ml Wildfond	1 EL Waldhonig
1 EL Speisestärke	1 EL Quittengelee
Salz	Pfeffer

Zubereitung:

1. Backofen auf 220 Grad vorheizen.
2. Honig mit gehackten Walnüssen mischen.
3. Hasenfilets waschen, trocken tupfen, salzen und pfeffern. In einer Pfanne mit Öl je Seite 2 Minuten anbraten.
4. Filets aus der Pfanne nehmen und mit der Walnussmasse bestreichen. In eine feuerfeste Form geben und für 10 Minuten bei 200 Grad im Ofen backen.
5. Bratfett mit dem Wildfond ablöschen. Für 5 Minuten köcheln lassen. Stärke mit kaltem Wasser anrühren und in den Fond gießen. Pfeffer, Salz und Quittengelee dazugeben.
6. Filets mit Sauce servieren.

Wachteln mit Pflaumen und Walnüssen

Schwierigkeit: Schwer
Zubereitungszeit:50 Minuten

Zutaten für 4 Portionen	
2 Wachteln, je Stück 200 g	6 Walnusskerne
5 Schalotten	1 Chili, rot
1 Zweig Rosmarin	12 Pflaumen, getrocknet
1 Lorbeerblatt	1 EL Olivenöl
4 Stängel Petersilie	100 ml Hühnerbrühe
200 ml Traubensaft, rot	1 Messerspitze Cayennepfeffer
¼ TL Kardamom, gemahlen	Salz & Pfeffer

Zubereitung:

1. Wachteln halb schneiden und Flügelspitzen abschneiden. Mit kaltem Wasser abspülen und abtupfen.
2. Backofen auf 200 Grad vorheizen.
3. Schalotten schälen und in Viertel schneiden.
4. Walnüsse etwas zerkleinern und in die Pflaumen stecken.
5. Chili waschen, der Länge nach aufschneiden und hacken.
6. Rosmarin abwaschen und in 2 cm große Stücke schneiden.
7. Wachteln mit Salz und Pfeffer würzen. Öl in einer Pfanne erhitzen und Wachteln auf der Hautseite für 3 Minuten kräftig anbraten. Rosmarin und Lorbeer dazu geben. Dann mit dem Traubensaft ablöschen.
8. In eine feuerfeste Form geben und im Ofen 15 Minuten garen. Zwischendurch die Hühnerbrühe dazu gießen.
9. Wachteln aus der Form nehmen. Schalotten und Pflaumen in den Sud geben und einkochen. Cayennepfeffer und Kardamom einrühren.
10. Wachteln mit dem Sud servieren.

Knoblauchhuhn

Schwierigkeit: Leicht
Zubereitungszeit: mehr als 90 Minuten

Zutaten für 4 Portionen	
1 Hühnchen	1 Zweig Rosmarin
5 EL Olivenöl	1 Lorbeerblatt
2 Knoblauchknollen	4 Knoblauchzehen
2 Stängel Lavendel	1 Zitrone, Bio
4 Zweige Thymian	200 ml Weißwein, trocken
1 EL Honig	Salz & Pfeffer

Zubereitung:

1. Backofen auf 200 Grad vorheizen.
2. Hähnchen abwaschen und gut trocken tupfen. Mit 2 EL Öl einstreichen, dann salzen und pfeffern.
3. Knoblauchzehen schälen und in Scheiben schneiden. Zitrone mit heißem Wasser abwaschen und Hälfte der Schale abreiben. Alle Kräuter waschen und grob hacken. Mit Knoblauch und Zitrone mischen und den Bauch des Hähnchens damit füllen.
4. Hähnchen in eine Auflaufform legen und 20 Minuten backen, Knoblauchknollen dazulegen. Hähnchen auf die Seite drehen und weitere 20 Minuten backen.
5. Auf den Rücken drehen und Wein dazu geben. Restliche Zitrone auspressen und Saft mit Honig und Öl mischen. Damit das Hähnchen einstreichen und weitere 20 Minuten backen.
6. Mit den Knoblauchknollen zusammen anrichten.

Ente mit Walnuss-Granatapfelsauce

Schwierigkeit: Mittel
Zubereitungszeit: mehr als 100 Minuten

Zutaten für 4 Portionen	
1 Ente, 2 kg	2 EL Olivenöl
2 Zwiebeln	250 g Walnusskerne
8 EL Grenadine	½ TL Kurkuma
½ TL Zimt	1 Prise Muskat
1 Prise Koriander	Salz & Pfeffer

Zubereitung:

1. Ente abwaschen und trocken tupfen.
2. Flügel und Keulen an den Gelenken abtrennen. Rücken durchschneiden und Brust in 4 Stücke zerteilen. Alle Teile mit Salz und Pfeffer würzen.
3. Zwiebeln schälen und hacken. Walnüsse fein hacken.
4. Pfanne mit 1 EL Olivenöl aufstellen, Walnüsse anbraten.
5. Restliches Öl in einen Schmortopf geben. Ente darin von allen Seiten anbraten. Teile aus dem Topf nehmen und Fett abgießen.
6. Zwiebeln im Schmortopf anbraten. 400 ml Wasser hinzugeben. Mit Koriander, Muskat, Zimt und Kurkuma würzen. Ente zurück in den Topf geben. Abdecken und bei schwacher Hitze 25 Minuten köcheln lassen.
7. Walnüsse zur Ente geben und weitere 25 Minuten köcheln lassen. Fett abschöpfen. Grenadine einrühren und mit Salz und Pfeffer würzen.
8. Noch 30 Minuten weiterschmoren, dann servieren.

Lammkeule mit Knoblauch

Schwierigkeit: Leicht
Zubereitungszeit: mehr als 90 Minuten

Zutaten für 10 Portionen	
1 Lammkeule mit Knochen , 2 kg	8 Lorbeerblätter, frisch
½ Bund Rosmarin	1 Zitrone, Bio
10 Knoblauchzehen	4 EL Olivenöl
Salz	Pfeffer

Zubereitung:

1. Backofen vorheizen.
2. Lamm rundherum salzen und pfeffern. In Fettpfanne legen und 10 Minuten bei 200 Grad im Ofen backen. Drehen und weitere 10 Minuten backen.
3. Rosmarin waschen und hacken. Lorbeer hacken. Zitrone mit heißem Wasser abwaschen und Schale abreiben. Knoblauch schälen und hacken.
4. Olivenöl mit Kräutern, Knoblauch und Zitronenschale mischen. Salz und Pfeffer hinzufügen. Keule kurz aus dem Ofen nehmen und damit bestreichen. Keule drehen und andere Seite bestreichen. Dann 5 Stunden im Ofen backen.

Huhn mit Walnüssen

Schwierigkeit: Leicht
Zubereitungszeit:30 Minuten

Zutaten für 4 Portionen	
600 h Hähnchenbrustfilet	100 g Walnusskerne
2 TL Speisestärke	1 Bund Frühlingszwiebeln
4 EL Reiswein	1 Stück Ingwer, 2 cm
4 EL Soja Sauce	4 EL Öl

Zubereitung:

1. Hähnchen waschen, trocken tupfen und in 2 cm große Würfel schneiden.
2. Dann 2 EL Reiswein mit der Stärke und dem Fleisch mischen.
3. Frühlingszwiebeln waschen und in 2 cm große Stücke schneiden.
4. Ingwer schälen und in feine Stifte schneiden.
5. Walnüsse hacken.
6. Öl in einer Pfanne erhitzen und Nüsse anbraten. Nüsse der Pfanne entnehmen und Fleisch eine Minute pro Seite anbraten. Ingwer, Zwiebeln, Reiswein, Sojasauce, 6 EL Wasser und Nüsse dazugeben und weitere 3 Minuten garen.

Knoblauch Kaninchen

Schwierigkeit: Mittel
Zubereitungszeit: mehr als 90 Minuten

Zutaten für 4 Portionen	
1 Kaninchen, 2 kg	2 EL Anislikör, Pastis
3 Stängel Majoran	3 EL Olivenöl
½ Bund Petersilie	5 Wacholderbeeren
Salz	Pfeffer

Zubereitung:

1. Kaninchen abwaschen und trocken tupfen. Kräuter abwaschen und fein hacken, Wacholderbeeren andrücken und mit Olivenöl und Kräutern mischen.
2. Knoblauch schälen und in Scheiben schneiden. In das Kräuter Öl legen.
3. Kaninchen mit spitzem Messer mehrfach einstechen. Dann Knoblauch in die Schnitte stecken.
4. Marinade mit Salz, Pfeffer und Pastis mischen. Kaninchen marinieren, in Folie einwickeln und 6 Stunden im Kühlschrank durchziehen lassen.
5. Grill erhitzen. Rost einölen.
6. Kaninchen von der Marinade abtropfen lassen, diese aber auffangen.
7. Bei starker Hitze Kaninchen rundherum anbraten. Dann den Rost höher hängen und Kaninchen bei geringer Hitze für 40 Minuten braten lassen. Zwischendurch immer wieder mit der Marinade bestreichen.

Poularde mit Walnuss-Estragon Butter

Schwierigkeit: Mittel
Zubereitungszeit: mehr als 100 Minuten

Zutaten für 4 Portionen	
1 Poularde , 1,6 kg	50 g Walnüsse
4 Knoblauchknollen	4 Knoblauchzehen
100 g Butter	½ Bund Estragon
Salz	Pfeffer

Zubereitung:

1. Walnüsse hacken und in einer Pfanne anrösten.
2. Knoblauch schälen und fein hacken. Estragon waschen und hacken.
3. Butter mit Estragon, Walnüssen, Salz und Pfeffer mischen und kühl stellen.
4. Backofen auf 200 Grad vorheizen.
5. Poularde abwaschen und trocken tupfen. Dann Haut von der Brust lösen. Würzbutter und Knoblauchzehen unter die Haut schieben. Huhn massieren.
6. Poularde mit Brust nach oben in einen Bräter legen. 30 Minuten bei 180 Grad backen. Knoblauchknollen halb schneiden und zur Poularde legen. 45 Minuten weiterbacken.

Koteletts mit Knoblauchpüree

Schwierigkeit: Leicht
Zubereitungszeit:60 Minuten

Zutaten für 4 Portionen	
4 Schweinekoteletts, je 250 g	4 Zweige Thymian
1 EL Öl	3 Knoblauchknollen
3 EL Senf, körnig	1 EL Butter
100 Creme fraiche	Salz & Pfeffer

Zubereitung:

1. Thymian waschen und hacken. Mit Senf mischen.
2. Koteletts waschen, trocken tupfen, beidseitig salzen und pfeffern.
3. Mit Senf einstreichen.
4. Knoblauch in Zehen teilen, schälen und hacken. In einem Topf mit 2 cm Wasser und Salz kochen. 10 Minuten köcheln lassen.
5. Öl und Butter in einer Pfanne erhitzen. Koteletts von beiden Seitens scharf anbraten. Hitze herunterstellen und je Seite 5 Minuten braten.
6. Knoblauch abschütten und pressen. Mit Creme fraiche mischen, salzen und pfeffern. Auf den Koteletts verteilen und servieren.

Lammragout mit Knoblauch

Schwierigkeit: Leicht
Zubereitungszeit: mehr als 90 Minuten

Zutaten für 4 Portionen	
800 g Lammschulter, ohne Knochen	2 TL Honig
15 Knoblauchzehen	2 Sardellenfilets, in Öl eingelegt
50 ml Aceto balsamico	1 Bund Kräuter gemischt (Thymian, Rosmarin, Oregano, Petersilie)
1 Zitrone, Bio	4 EL Olivenöl
300 g Kirschtomaten	Salz & Pfeffer

Zubereitung:

1. Sehnen und Fett vom Fleisch trennen und Fleisch in Stücke schneiden.
2. Honig mit dem Balsamico in einem Topf erhitzen. Für 3 Minuten einkochen lassen.
3. Zitrone mit heißem Wasser abwaschen und Schale abreiben. Fein hacken. Knoblauch schälen und vierteln.
4. Kräuter hacken. Sardellen abwaschen und hacken.
5. Öl in einem Schmortopf erhitzen. Fleisch darin von allen Seiten anbraten. Herausnehmen.
6. Hitze verringern. Sardellen, Zitronen, Kräuter im Bratfett rösten. Lamm dazugeben und salzen und pfeffern. Abdecken und 1 Stunde bei geringer Hitze schmoren lassen. Etwas Wasser dazu geben, damit es nicht zu trocken wird.
7. Tomaten mit heißem Wasser übergießen, mit kaltem Wasser abschrecken und häuten. Würfeln und zum Ragout geben. Mit Salz und Pfeffer würzen.

Fisch in Knoblauchöl

Schwierigkeit: Leicht
Zubereitungszeit: 30 Minuten

Zutaten für 4 Portionen	
2 EL Mehl	4 Knoblauchzehen
800 g Fischfilet, Kabeljau oder Rotbarsch	Zitronenschnitze
6 EL Olivenöl	Salz & Pfeffer

Zubereitung:

1. Knoblauch schälen und in Stifte schneiden.
2. Öl in einer Pfanne erhitzen und Knoblauch anbraten.
3. Fisch salzen und pfeffern. In Mehl wenden.
4. Knoblauch aus dem Öl nehmen und Fisch darin anbraten. Mit Zitrone servieren.

Lachs Carpaccio mit Erdbeeren

Schwierigkeit: Leicht
Zubereitungszeit:60 Minuten

Zutaten für 2 Portionen	
10 Erdbeeren	2 Fenchelknollen
200 g Lachsfilet, ohne Haut	1 Bund Schnittlauch
1 EL Olivenöl	2 Zitronen, Bio
Meersalz	Pfeffer

Zubereitung:

1. Wasser in einem Topf zum Kochen bringen. Fenchel halb schneiden, Strunk entfernen und in dem kochenden Wasser 2 Minuten blanchieren. Dann in Eiswasser abschrecken und bei Seite stellen.
2. Lach in dünne Scheiben schneiden. Folie über die Scheiben spannen und ganz vorsichtig flach klopfen. Lachs in den Kühlschrank stellen.
3. Erdbeeren waschen, putzen und in feine Scheiben schneiden.
4. Zitrone halb schneiden und Saft auspressen. Schnittlauch waschen und in Röllchen schneiden. Olivenöl mit Pfeffer und Salz mischen.
5. Fenchel in Streifen schneiden. Lachs auf zwei Teller legen und Fenchel darauf geben. Erdbeerscheiben darauf legen.
6. Die zweite Zitrone mit heißem Wasser abwaschen und die Schale abreiben. Abrieb auf dem Lachs verteilen.
7. Schnittlauch in die Marinade geben. Marinade vor dem Servieren über den Lachs geben und einige Minuten durchziehen lassen.

Lauch Soufflé mit Walnüssen

Schwierigkeit: Mittel
Zubereitungszeit:90 Minuten

Zutaten für 4 Portionen	
50 g Walnusskerne	40 g Butter
40 g Mehl	2 Stangen Lauch
400 ml Milch	150 g Bergkäse
100 g Blauschimmelkäse	Muskatnuss
5 Eier	Pfeffer & Salz

Zubereitung:

1. Butter in einem Topf schmelzen lassen und Mehl dazugeben. Mit Milch aufgießen. Sauce 10 Minuten bei kleiner Hitze köcheln lassen.
2. Lauch waschen, der Länge nach aufschneiden und in feine Streifen schneiden. In einem Topf für 1 Minute kochen.
3. Backofen auf 200 Grad vorheizen und eine Auflaufform mit Butter einstreichen.
4. Walnüsse hacken, Käse würfeln und Eier trennen.
5. Lauch, Muskat, Salz und Pfeffer zur Sauce geben. Eigelbe langsam einrühren und Käsesorten untermischen. Eiweiße steif schlagen und unterheben.
6. Masse in die Auflaufform geben und etwa 40 Minuten im Ofen backen.

Knoblauch Spinat mit Meeresfrüchten

Schwierigkeit: Leicht
Zubereitungszeit:30 Minuten

Zutaten für 2 Portionen	
400 g Meeresfrüchte gemischt, TK	1 Knoblauchzehe
1 Zwiebel	2 EL Olivenöl
300 g Blattspinat	2 EL Pinien Kerne
Zitronenschale	2 Zweige Rosmarin
Salz	Pfeffer aus der Mühle

Zubereitung:

1. Zwiebel und Knoblauch schälen und in Scheiben schneiden. In einer Pfanne mit 1 EL Öl anbraten. Spinat hinzufügen, aufkochen lassen, salzen und pfeffern.
2. Pinienkerne in Öl anbraten.
3. Nadeln vom Rosmarin abstreifen.
4. Meeresfrüchte salzen, pfeffern und mit Zitronenschale abschmecken. In Die Pfanne geben und mit garen.
5. Mit Spinat servieren.

Fischfilets mit Petersilienbutter

Schwierigkeit: Leicht
Zubereitungszeit:30 Minuten

Zutaten für 4 Portionen	
4 Fischfilets nach Wahl, je 180 g	1 Bund Petersilie
1 EL Pernod	2 Knoblauchzehen
100 g Butter	1 Stück Zitrone, Bio
1 EL Zitronensaft	Salz & Pfeffer

Zubereitung:

1. Petersilie waschen und fein hacken. Knoblauch schälen und hacken. Zitronenschale abreiben. Alles mischen.
2. Butter mit Pernod mischen und salzen.
3. Hälfte der Butter in eine Pfanne geben. Fisch mit Salz, Pfeffer und Zitronensaft abschmecken. Dann je Seite 3 Minuten in der Pfanne backen.
4. Filets mit dem Rest der Butter servieren.

Muscheln mit Walnusssauce

Schwierigkeit: Leicht
Zubereitungszeit:90 Minuten

Zutaten für 4 Portionen	
2 kg Miesmuscheln	100 g Walnüsse
1 Knoblauchzehe	2 Scheiben Toast
1 TL Pfefferkörner	4 EL Sonnenblumenöl
10 EL Mehl	1 EL Speisestärke
2 Eigelb	1/8 L Bier, hell
200 ml Sonnenblumenöl zum Frittieren	Salz

Zubereitung:

1. Walnüsse fein hacken. Brot in etwas Wasser einweichen und ausdrücken. Öl und Walnüsse mischen. Knoblauch schälen, pressen und dazugeben. Mit kaltem Wasser mischen, bis eine Sauce entsteht.
2. Muscheln unter Wasser abwaschen und abbürsten. Offene Muscheln wegwerfen. In einem Topf 250 ml Wasser mit 1 TL Salz, Lorbeer und Piment aufkochen. Muscheln hineingeben und 8 Minuten kochen. Muscheln abgießen und geschlossene Muscheln wegwerfen.
3. Mehl in einen Teller geben und Muschelfleisch aus den Schalen lösen. Speisestärke mit dem Mehl mischen.
4. Bier, Eigelb und ½ TL Salz mischen. Mit dem Mehl mischen.
5. Öl in einem Topf erhitzen. Muscheln in der Mehlmischung wenden und im Fett portionsweise ausbacken.

Wolfsbarsch mit Fenchel und Knoblauch

Schwierigkeit: Leicht
Zubereitungszeit:60 Minuten

Zutaten für 4 Portionen	
4 Wolfsbarsche , je 350 g	2 Fenchelknollen
2 EL Zitronensaft	10 Knoblauchzehen
6 EL Olivenöl	2 TL Fenchelsamen
6 Zweige Rosmarin	50 ml Weißwein, trocken
2 EL Pastis	Pfeffer aus der Mühle

Zubereitung:

1. Fenchel waschen, Grün abschneiden und aufheben.
2. Knollen in Viertel schneiden und Strunk herausschneiden.
3. In Streifen von ½ cm Breite schneiden.
4. Topf mit Salzwasser zum Kochen bringen. Fenchel hineingeben und 2 Minuten kochen lassen. Abschütten und Sud aufheben.
5. Rosmarinnadeln in Stücke von 2 cm Länge schneiden. Knoblauch schälen und in Scheiben schneiden.
6. Fische waschen, trocken tupfen und mit Zitronensaft beträufeln. Salzen und pfeffern.
7. Backofen auf 100 Grad vorheizen.
8. Öl in einer Pfanne erhitzen. Fisch von allen Seiten je 2 Minuten anbraten. In eine Auflaufform geben. Restliches Öl in die Pfanne geben. Fenchelsamen und Fenchel hineingeben und braten. Knoblauch und Rosmarin hinzugeben. Mit Pastis und Weißwein ablöschen. Mit Zitronensaft, Salz und Pfeffer würzen. Auf dem Fisch verteilen und 30 Minuten im Ofen backen.

Tintenfisch mit Knoblauch Petersilien Füllung

Schwierigkeit: Mittel
Zubereitungszeit: mehr als 90 Minuten

Zutaten für 4 Portionen	
600 g Calamari, küchenfertig	2 Bund Petersilie
2 Zitronen, Bio	4 Scheiben Toast
60 g Mandeln	4 Knoblauchzehen
Tabasco	150 ml Brühe
150 ml Wermut, trocken	2 Eier
5 EL Olivenöl	Salz & Pfeffer

Zubereitung:

1. Tintenfisch von Fangarmen und Kranz befreien. Die einzelnen Beutel unter fließendem Wasser abspülen und trocken tupfen.
2. Brot klein hacken. Petersilie waschen, hacken und 2 EL zur Seite stellen.
3. Zitrone mit heißem Wasser abspülen und Schale abreiben. Saft auspressen. Knoblauch schälen und fein hacken.
4. In einer Pfanne 3 EL Olivenöl erhitzen. Zitronenschale und Knoblauch andünsten. Dann Tintenfischarme zerhacken und dazu geben. Pfanne vom Herd nehmen, Mandel und Petersilie dazu mischen.
5. Eier verquirlen und mit der Masse mischen. Mit Salz und Pfeffer würzen. Tabasco und Zitronensaft dazugeben.
6. Tintenfische mit der Mischung befüllen und mit Zahnstochern verschließen. In einer Pfanne mit dem restlichen Olivenöl anbraten. Mit Wermut und Brühe ablöschen. Der Pfanne entnehmen und Sauce etwas einkochen. Zusammen servieren.

Matjes mit Kartoffeln-Petersilien Gemüse

Schwierigkeit: Leicht
Zubereitungszeit:25 Minuten

Zutaten für 2 Portionen	
400 g Kartoffeln, mehlig kochend	4 Gewürzgurken
400 g Petersilienwurzeln	150 g Joghurt
100 Rote Beete, in Scheiben eingelegt	½ Bund Petersilie
200 g Vollkornbrot	2 Äpfel
250 g Matjesfilets	Salz

Zubereitung:

1. Petersilienwurzeln und Kartoffeln schälen und würfeln. Mit etwas Salzwasser in einem Koch aufkochen und 15 Minuten garen lassen.
2. In der Zwischenzeit Joghurt mit gehackten Gewürzgurken, Pfeffer und Salz mischen.
3. Rote Beete abtropfen lassen. Petersilie waschen und hacken.
4. Kartoffelmischung abtropfen und mit Petersilie mischen. Matjes, Rote Beete, Vollkornbrot und Gurken zusammen genießen. Äpfel dienen als Nachtisch.

Fisch Saltimbocca

Schwierigkeit: Mittel
Zubereitungszeit:60 Minuten

Zutaten für 4 Portionen:	
1 L Gemüsebrühe	4 Fischfilets nach Wahl, je 150 g
1 Zwiebel	2 Knoblauchzehen
4 Salbeiblätter	250 g Risottoreis
4 Scheiben Parmaschinken	1 Bund Petersilie
4 EL Olivenöl	Geriebene Zitronenschale
Salz	Pfeffer

Zubereitung:

1. Knoblauch und Zwiebel schälen und fein würfeln. In einem Topf mit 2 EL Olivenöl anbraten. Reis dazugeben und anbraten, Mit Brühe aufgießen und bei schwacher Hitze 25 Minuten unter ständigem Rühren garen.
2. Fischfilets waschen, trocken tupfen und von allen Seiten salzen und pfeffern. Auf jedes Filet eine zusammengeklappte Scheibe Parmaschinken und 1 Salbeiblatt legen. Zusammenrollen und mit Zahnstocher fixieren.
3. Petersilie waschen und hacken.
4. Restliches Öl in einer Pfanne erhitzen. Fischfilets darin von beiden Seiten je 2 Minuten anbraten. Dann Salz, Pfeffer, Zitronenschale und Petersilie zum Risotto geben.
5. Beides zusammen servieren.

Seelachs mit Petersilienkruste

Schwierigkeit: Leicht
Zubereitungszeit:60 Minuten

Zutaten für 4 Portionen	
1 Bund Petersilie	1 Vollkornbrötchen
8 Tomaten	50 g Butter, weich
3 Frühlingszwiebeln	1 EL Senf, mittelscharf
4 Seelachsfilets, je 150 g	1 TL Zitronenschale
Salz	Pfeffer

Zubereitung:

1. Backofen auf 200 Grad vorheizen.
2. Petersilie waschen und hacken. Brötchen in Würfel schneiden und mit Petersilie mischen. Senf, Butter, Zitronenschale, Salz und Pfeffer dazugeben.
3. Tomaten waschen und in Scheiben schneiden.
4. Frühlingszwiebeln waschen und in Ringe schneiden.
5. Auflaufform einfetten. Tomaten hineinlegen und mit Frühlingszwiebeln bestreuen. Salzen und pfeffern.
6. Fisch abwaschen, trocken tupfen und salzen. Dann mit der Kräutermischung bestreuen und auf die Tomaten legen.
7. Im Ofen für 20 Minuten backen.

Wolfsbarsch mit Walnusssauce

Schwierigkeit: Mittel
Zubereitungszeit: mehr als 90 Minuten

Zutaten für 4 Portionen Für den Fisch	
5 Knoblauchzehen	1 Wolfsbarsch, 2 kg ohne Schuppen und ausgenommen
1 Bund Koriander	2 EL Semmelbrösel
2 EL Olivenöl	Zitronenachtel
Salz	Pfeffer, grob

Für die Sauce	
1 Prise Cayennepfeffer	65 g Walnusskerne
6 EL Zitronensaft	2 EL Olivenöl

Zubereitung:

1. Fisch abwaschen und trocken tupfen. Flossen und Schwanz abschneiden. Mit Salz einreiben und auf beiden Seiten schräge Einschnitte im Abstand von 5 cm machen.
2. Koriander waschen und fein hacken. Knoblauch schälen und hacken. Mit Salz und Pfeffer in einem Mörser zerkleinern. Fisch mit Marinade innen und außen einreiben. In Folie einwickeln und 1 Stunde im Kühlschrank ziehen lassen.
3. Walnüsse hacken. Salz, Cayennepfeffer, Olivenöl, Walnüsse und Zitronensaft mischen.
4. Grill anheizen.
5. In den Bauch des Fisches Semmelbrösel geben, Haut außen mit Olivenöl bestreichen.
6. Fisch von beiden Seiten je 8 Minuten grillen. Mit der Sauce und den Zitronenachteln servieren.

Buchweizen Schmarrn mit Aprikosen

Schwierigkeit: Leicht
Zubereitungszeit:60

Zutaten für 1 Portionen	
40 g Mehl	40 g Vollkorngrieß
200 g Aprikosen	100 ml Milch
1 EL Agavendicksaft	2 Eier
400 g Magerquark	2 EL Buchweizen
1 EL Butter	Puderzucker

Zubereitung:

1. Vollkorngrieß in eine Schüssel geben. Milch darüber gießen und 15 Minuten quellen lassen.
2. Aprikosen halb schneiden und entkernen. In Viertel schneiden.
3. Eier trennen. Agavendicksaft mit Quark und Eigelben mischen.
4. Mehl in den Grieß einrühren. Eiweiß steif schlagen und unter den Teig heben.
5. Aprikosen in eine Pfanne geben und für 3 Minuten dünsten. Teig über die Aprikosen gießen. Buchweizen darüber streuen.
6. Pfannkuchen wenden und vor dem Servieren zerreißen. Dann mit Puderzucker bestreuen.

Erdbeeren mit Kokoscremehäubchen

Schwierigkeit: Leicht
Zubereitungszeit:30 Minuten

Zutaten für 2 Portionen	
200 ml Kokoscreme	15 Erdbeeren
4 EL Magerquark	4 Tropfen Süßstoff
1 EL Mandel Blättchen	1 Vanilleschote

Zubereitung:

1. Erdbeeren waschen, das Grün entfernen und in Viertel schneiden.
2. Vanilleschote halb schneiden und Mark herauskratzen.
3. Kokoscreme mit Quark und Vanillemark mischen.
4. Mandelblättchen in einer Pfanne anrösten.
5. Erdbeeren in zwei Schälchen verteilen, Vanillecreme darüber geben und Mandeln darüber streuen.

Rotwein-Butter Eis

Schwierigkeit: Leicht
Zubereitungszeit: mehr als 90 Minuten

Zutaten für 500 ml Eis	
400 ml Rotwein, kräftig	2 Stück Orangenschale, Bio
80 g Heidelbeeren	½ Vanilleschote
150 g Butter, kalt	60 ml Portwein

Zubereitung:

1. Rotwein in einen Topf geben und kurz aufkochen. Dann bei geringer Hitze für 12 Minuten köcheln lassen. 30 Minuten auskühlen lassen.
2. Mark aus der Vanilleschote kratzen und Heidelbeeren waschen.
3. Portwein, Beeren, Orangenschale, Zucker und Vanillemark mischen. 4 Minuten aufkochen lassen und pürieren.
4. Butter in Würfel schneiden und portionsweise in die Beeren mischen. Dann Rotwein einrühren.
5. Masse in eine Eismaschine füllen und zubereiten.

Gerösteter Buchweizen mit Erdbeeren

Schwierigkeit: Leicht
Zubereitungszeit:30 Minuten

Zutaten für 4 Portionen	
2 EL Mohn, gemahlen	150 g Buchweizen
400 g Erdbeeren	2 EL Honig
Zimtpulver	150 g Naturjoghurt
1 Prise Zucker	Salz

Zubereitung:

1. Buchweizen in einem Topf ohne Fett anrösten.
2. Mohn, Milch, Zucker und Salz hinzugeben und 10 Minuten abgedeckt bei geringer Hitze quellen lassen.
3. Erdbeeren waschen, putzen und in Viertel schneiden.
4. Honig und Zimt zum Buchweizen geben.
5. Buchweizen mit den Erdbeeren und dem Joghurt servieren.

Rotwein- Schoko Kuchen

Schwierigkeit: Leicht
Zubereitungszeit:90 Minuten

Zutaten für 20 Portionen	
250 g Zucker	250 g Butter, weich
3 TL Backpulver	5 Eier
200 ml Rotwein	2 EL Kakaopulver
300 g Mehl	200 g Zartbitterschokolade

Zubereitung:

1. Erst 200 g Zucker mit der Butter schaumig schlagen.
2. Eier trennen. Eigelbe nach und nach zu der Butter mischen. Kakao, Backpulver und Mehl einrühren. Wein einrühren.
3. Backofen auf 180 Grad vorheizen.
4. Backblech einfetten und einmehlen.
5. Schokolade hacken und in den Teig geben.
6. Eiweiß mit Zucker steif schlagen und unterheben.
7. Teig auf das Backblech gießen und glatt streichen.
8. Im Backofen bei 160 Grad für 40 Minuten backen.
9. Auskühlen lassen und dann in Stücke schneiden.

Erdbeerpfannkuchen

Schwierigkeit: Leicht
Zubereitungszeit:25 Minuten

Zutaten für 2 Portionen	
1 Packung Vanillezucker	3 Eier
350 g Erdbeeren	2 EL Rohrzucker
Rapsöl zum Braten	150 g Mehl , Typ 1050
Puderzucker	220 ml Milch

Zubereitung:

1. Eier trennen. Eiweiß mit Salz steif schlagen.
2. Zucker, Vanillezucker und Eigelbe mischen. Nach und nach Milch und Mehl dazu mischen.
3. Erdbeeren waschen und putzen. Einige Erdbeeren zur Seite stellen und 150 g der Beeren pürieren.
4. Eiweiß unter den Teig heben.
5. Öl in einer Pfanne erhitzen. Hälfte des Teiges hinein geben und mit Erdbeerscheiben belegen. Zudecken und 2 Minuten backen lassen.
6. Wenden und nochmals 2 Minuten backen.
7. Pfannkuchen mit der Sauce servieren.

Rotweinbirnen mit Vanilleeis

Schwierigkeit: Leicht
Zubereitungszeit:60 Minuten

Zutaten für 4 Portionen	
4 Birnen	Mark einer Vanilleschote
500 ml Rotwein	½ Zimtstange
1 Gewürznelke	200 g Zucker, braun
1 Zacken Sternanis	1 EL Zitronensaft
4 Kugeln Vanilleeis	40 ml brauner Rum

Zubereitung:

1. Birnen schälen und Kerngehäuse mit einem Kugelstecher entfernen.
2. Zucker mit Zitronensaft und Wein, sowie den Gewürzen aufkochen. Birnen hineinlegen und 8 Minuten weich kochen.
3. Rum dazugeben und über Nacht durchziehen lassen.
4. Birnen am nächsten Tag aus dem Sud nehmen und den Sud einkochen.
5. Sud aus den Tellern verteilen, Birne darauf setzen und Vanilleeis dazu servieren.

Milchreistorte mit Erdbeeren

Schwierigkeit: Leicht
Zubereitungszeit: mehr als 90 Minuten

Zutaten für 12 Portionen	
200 g Milchreis	4 Eier
14 Blatt Gelatine	250 g Zucker
800 ml Sahne	200 ml Öl
1 kg Erdbeeren	200 ml Milch
1 Packung Tortenguss	300 g Mehl
1 Packung Tortenguss, rot	750 ml Milch
Zitronenabrieb	1 Packung Backpulver
250 ml Apfelsaft	Einige Erdbeeren als Deko

Zubereitung:

1. Backofen auf 200 Grad vorheizen.
2. Eier und Zucker schaumig schlagen. 200 ml Milch, Backpulver, Öl und Mehl mischen. Im Ofen 40 Minuten in einer Kuchenform backen.
3. In der Zwischenzeit Zitronenschale, Reis, Milch und Zucker aufkochen. Auf niedrige Stufe stellen und 35 Minuten unter Rühren mischen. Sahne steif schlagen.
4. Gelatine einweichen, ausdrücken und unter den Reis mischen. Auskühlen lassen.
5. Kuchen in der Mitte durchschneiden. Einen Boden in einen Tortenring setzen. Reis und Sahne mischen und die Hälfte auf den Boden streichen. Zweiten Tortenboden einsetzen, mit Reis bestreichen und 2 Stunden kühl stellen.
6. Erdbeeren waschen, vierteln und auf die Torte setzen. Einige ganze Erdbeeren an den Rand setzen. Apfelsaft mit Tortenguss mischen und 2 EL Zucker dazugeben. Alles auf die Erdbeeren gießen.

Herrencreme mit Rotweinrhabarber

Schwierigkeit: Mittel
Zubereitungszeit: mehr als 90 Minuten

Zutaten für 4 Portionen	
2 Eigelbe	400 g Rhabarber
120 g Zucker	200 ml Rotwein, trocken
Mark einer Vanilleschote	1 TL +40 g Speisestärke
100 g Schokolade, Zartbitter	500 ml Vollmilch
4 cl Rum	100 ml Sahne

Zubereitung:

1. Rhabarber putzen, waschen und Fäden entfernen. Dann in Stücke von 3 cm schneiden.
2. Dann 40 g Zucker und 150 ml Rotwein aufkochen und einkochen bis ein Sirup entsteht. Rhabarber dazugeben und 3 Minuten kochen.
3. Rest des Weines mit 1 TL Speisestärke mischen. Zu dem Rhabarber geben und aufkochen. Abkühlen lassen.
4. Von der Milch 100 ml nehmen und mit Speisestärke, Eigelben und restlichem Zucker mischen.
5. Restliche Milch mit Vanillemark und Prise Salz aufkochen. Vom Herd nehmen und Ei-Milch Mischung unterrühren. Alles nochmal aufkochen lassen.
6. Frischhaltefolie auf den Pudding legen und auskühlen lassen.
7. Sahne steif schlagen und Schokolade hacken. Alles unter den Pudding rühren, wenn dieser abgekühlt ist. Rum einrühren und Rhabarber dazu servieren.

Erdbeerparfait

Schwierigkeit: Leicht
Zubereitungszeit:30 Minuten

Zutaten für 6 Portionen	
250 g Erdbeeren	1 Prise Pfeffer
4 Eigelbe	150 ml Sahne
120 g Puderzucker	75 g Creme fraiche

Zubereitung:

1. Erdbeeren waschen, grün entfernen und würfeln. Mit Puderzucker mischen und zerdrücken.
2. Restlichen Puderzucker mit Eigelben mischen, Creme fraiche unterheben. Sahne steif schlagen und Pfeffer dazu geben. Unter die Masse heben.
3. Mischung in eine Kastenform geben und 4 Stunden kalt stellen.

Rotweinfeigen mit Vanillecreme

Schwierigkeit: Leicht
Zubereitungszeit:25 Minuten

Zutaten für 2 Portionen	
1 TL Eiersatzpulver	1 TL Speisestärke
1 EL Zucker	½ TL Bourbon Vanille
2 Feigen	2 EL Rotwein
2 Prisen Zimt	4 EL Soja Milch
50 g Frischkäse	Salz

Zubereitung:

1. Eipulver mit 3 EL Wasser mischen. Stärke mit 1 EL Wasser mischen. Beides zusammenfüllen und rühren.
2. Vanillezucker, Frischkäse, Sojamilch, Zucker und Salz mischen. Eipulver und Stärke einrühren.
3. Feigen waschen, Stiele entfernen und kreuzweise oben einschneiden.
4. Feigen in Förmchen setzen und etwas auseinander drücken. Dann Rotwein, Zimt und etwas Salz darüber geben.
5. Creme auf den Feigen verteilen und für 6 Minuten im Ofen bei Grillfunktion backen.

Buchweizen Buchteln mit Cranberrysauce

Schwierigkeit: Mittel
Zubereitungszeit: 90 Minuten

Zutaten für 6 Portionen Für die Buchteln	
300 g Weizenmehl , Typ 1050	1 Würfel Hefe
250 g Buchweizenmehl	200 ml Milch, lauwarm
2 Eier	100 g Rohrzucker
1 Packung Vanillezucker	120 g Butter, weich
Vollkornmehl zum Arbeiten	Salz

Für die Sauce	
75 g Rohrzucker	100 ml Rotwein
2 Gewürznelken	1 Zimtstange
250 g Cranberries	2 TL Johannisbrotkernmehl

Für die Füllung	
80 g Cranberries	1 Prise Zucker
80 ml Kirschsaft	2 EL Ahorn Sirup

Zubereitung:

1. Buchweizen mit Weizenmehl mischen. Mulde in die Mitte drücken und Hefe hineingeben. 4 EL Milch und 1 TL Zucker dazugeben. Mehl darüber streuen und 15 Minuten gehen lassen.
2. Restliche Milch und Eier zum Teig geben. Vanillezucker und 100 g Butter hinzufügen und kneten.45 Minuten gehen lassen.

3. Alle Zutaten für die Füllung mischen und bei mittlerer Hitze für 7 Minuten aufkochen lassen. Pürieren und abkühlen lassen.
4. Alle Zutaten für die Sauce mischen und in einem Topf für 5 Minuten kochen. Abkühlen lassen.
5. Buchtelteig umrühren. Teig auf der bemehlten Arbeitsfläche ausrollen. Eine Rolle formen und in 12 Scheiben schneiden. Diese etwas flach drücken, die Füllung in die Mitte geben und zusammendrücken. Kleine Kugeln formen.
6. Backofen auf 200 Grad vorheizen. Buchteln in eine Auflaufform geben und Butter zerlassen. Teig damit bestreichen und 15 Minuten gehen lassen. Dann im Ofen für 30 Minuten backen.
7. Zusammen mit der Sauce servieren.

Erdbeere Cheesecake

Schwierigkeit: Mittel
Zubereitungszeit : mehr als 90 Minuten

Zutaten für 6 Portionen	
2 Eigelbe	200 g Erdbeeren, TK
100 g Butter, weich	300 g Butterkekse
850 g Sahnequark	½ Limette, Bio
2 Blatt Gelatine	200 g Zucker
300 g Erdbeeren	4 Eier
2 Eigelbe	50 g Mehl

Zubereitung:

1. Form mit Backpapier auslegen. Erdbeeren auftauen lassen.
2. Gebäck in einen Beutel geben und klein bröseln.
3. Butter und Gebäck mischen und verkneten. Mischung auf den Boden der Form geben.
4. Mehl, Quark, Zucker und Limettensaft mischen. Eier untermischen und Eigelbe dazugeben. Mischung auf den Boden geben.
5. Im Ofen für 45 Minuten bei 140 Grad backen.
6. Gelatine in kaltem Wasser für 5 Minuten einweichen.
7. Erdbeeren in einen Topf geben. 3 Minuten aufkochen lassen und dann durch ein Sieb drücken. Gelatine in den Erdbeersaft geben.
8. Frische Erdbeeren waschen und in Würfel schneiden. Dann auf dem Kuchen verteilen.
9. Erdbeerpüree darüber gießen und für mindestens 3 Stunden kalt stellen.

Rotweincremetorte

Schwierigkeit: Leicht
Zubereitungszeit:90 Minuten

Zutaten für 12 Portionen	
600 ml Sahne	4 Eier
700 ml Rotwein, trocken	300 g Mehl
200 ml Öl	150 g Schokoraspel
1 Packung Vanillepuddingpulver	1 Packung Backpulver
2 Packungen Vanillezucker	3 EL Kakao

Zubereitung:

1. Backofen auf 200 Grad vorheizen.
2. Zucker und Eier mischen. Öl und 200 ml Wein dazugeben. Kakao, Backpulver, Mehl und Schokoraspel einrühren.
3. Teig in eine Form füllen und für 45 Minuten bei 180 Grad backen.
4. Kuchen aushöhlen.
5. Pudding mit 500 ml Wein und 2 EL Zucker mischen und aufkochen. Den Kuchen damit befüllen,
6. Sahne mit Vanillezucker mischen und steif schlagen. Auf den Kuchen streichen und mit den Schokostreuseln bestreuen.

Rotwein- Ingwer Birnen mit Vanillesauce

Schwierigkeit: Mittel
Zubereitungszeit:60 Minuten

Zutaten für 4 Portionen	
4 Birnen	375 ml Rotwein
1 Stück Ingwer	3 EL Zucker
1 Ei	2 Eigelbe
¼ l Milch	1 Vanilleschote

Zubereitung:

1. Ingwer schälen und in Würfel schneiden. Rotwein und 2 EL Zucker mit dem Ingwer in einen Topf geben.
2. Birnen in schälen, in Viertel schneiden, in Längsspalten schneiden und in den Sud geben. 3 Minuten aufkochen lassen.
3. In der Zwischenzeit 1 EL Zucker, mit Milch und Eigelben mischen. Mark aus der Vanilleschote kratzen und dazu geben. Kurz aufkochen und vom Herd nehmen,
4. Birnen aus dem Sud nehmen und mit der Vanillesauce servieren.

Geeiste Zitronencreme mit Erdbeeren

Schwierigkeit: Mittel
Zubereitungszeit: mehr als 90 Minuten

Zutaten für 2 Portionen	
1 Becher Joghurt, 200 g	125 g Magerquark
1 TL Orangenlikör	4 EL Zitronensaft
1 TL Honig	100 g Erdbeeren
4 Minze Blättchen	2 Eiswaffeln
1 Eigelb	Süßstoff, flüssig

Zubereitung:

1. Zitronensaft, Joghurt und Quark mischen. Honig einrühren.
2. Eigelbe verquirlen. Über dem Wasserbad schaumig schlagen. Unter die Joghurtcreme ziehen. Mit Süßstoff abschmecken.
3. Creme in ein Metallgefäß füllen und für 2 Stunden in den Gefrierschrank geben. Zwischendurch rühren.
4. Erdbeeren waschen und das Grün entfernen. In Viertel schneiden und Likör dazu rühren. Minze fein hacken und untermischen.
5. Creme auf Schälchen verteilen und mit den Erdbeeren bedecken. Mit Eiswaffel dekorieren.

Walnusseis

Schwierigkeit: Leicht
Zubereitungszeit: mehr als 90 Minuten

Zutaten für 6 Portionen	
2 EL Ahorn Sirup	50 g Walnusskerne
400 ml Sahne	2 EL Rohrzucker
60 g Puderzucker	4 Eigelbe

Zubereitung:

1. Walnüsse hacken. Zucker in einer Pfanne schmelzen und Walnüsse dazugeben bis die Karamellisieren. Dabei ständig rühren.
2. Sahne aufkochen.
3. Puderzucker, Ahornsirup und Eigelb mischen. Sahne unterrühren und über einem heißen Wasserbad Masse schaumig schlagen.
4. Eis über einem kalten Wasserbad dann kalt rühren.
5. In den Gefrierschrank geben und 30 Minuten kühlen lassen.
6. Eismasse in eine Eismaschine geben und 60 Minuten kühlen lassen. Nüsse unter die Masse mischen und servieren.

Vanillequark mit Erdbeeren

Schwierigkeit: Mittel
Zubereitungszeit:25 Minuten

Zutaten für 4 Portionen	
2 Packungen Vanillezucker	500 g Erdbeeren
250 g Quark	2 TL Zitronensaft
2 EL Zucker	150 g Schokoraspel

Zubereitung:

1. Zucker mit Zitronensaft mischen.
2. Erdbeeren waschen, das Grün entfernen und klein würfeln.
3. Sahne steif schlagen.
4. Quark mit Vanillezucker mischen und Sahne unterheben.
5. Erdbeeren und Quark in Schichten in Gläser füllen.
6. Mit der Schokolade dekorieren.

Frühlingsrolle mit Erdbeeren

Schwierigkeit: Leicht
Zubereitungszeit:60 Minuten

Zutaten für 4 Portionen	
6 Basilikumblätter	250 g Erdbeeren
2 Pfirsiche	1 Messerspitze Chilipulver
1 EL Zucker	30 ml Weißwein
30 g Puderzucker	4 Frühlingsrollenblätter, TK
1 Eiweiß	Öl zum Frittieren

Zubereitung:

1. Pfirsiche mit kochendem Wasser übergießen und häuten.
2. Erdbeeren putzen.
3. 150 g Erdbeeren und die Pfirsiche in Scheiben schneiden.
4. Basilikum waschen und in Streifen schneiden. Alles mit Zucker mischen.
5. Restliche Erdbeeren mit Weißwein, Chili und 20 g Puderzucker mischen. Pürieren und in den Kühlschrank stellen.
6. Frühlingsrollenteig mit einem Messer lösen. Eiweiß mit einem Pinsel auf die Ränder streichen. In die Mitte Erdbeermasse geben. Blatt falten und Ränder zusammendrücken.
7. Öl in einer Pfanne erhitzen und Frühlingsrollen darin ausbacken.
8. Auf Küchenpapier abtropfen. Frühlingsrollen mit Sauce servieren.

Joghurtschaum mit Erdbeeren

Schwierigkeit: Leicht
Zubereitungszeit: mehr als 90 Minuten

Zutaten für 8 Portionen	
500 g Erdbeeren	3 Limetten, Bio
400 g Sahne	170 g Zucker
500 g Joghurt	Mandelstifte

Zubereitung:

1. Limetten mit heißem Wasser abwaschen und Schale abreiben. Saft auspressen und Zesten damit etwas beträufeln. Mit 30 g Zucker mischen.
2. Sahne steif schlagen. Joghurt mit 100 g Zucker, 5 EL Limettensaft mischen. Dann Sahne unterheben.
3. Ein Küchentuch in ein Sieb legen. Joghurtcreme hineingeben und mit einem Teller beschweren. Über Nacht stehen lassen, damit die Flüssigkeit abtropft.
4. Am Tag darauf Erdbeeren waschen und in Scheiben schneiden. Mandelstifte in einer Pfanne anrösten.
5. Erdbeeren mit 40 g Zucker mischen und 10 Minuten durchziehen lassen. Dann auf Tellern anrichten.
6. Aus dem Joghurt Nocken stechen und dazu geben. Mit Mandeln bestreuen.

Erdbeeren mit Pistazienquark

Schwierigkeit: Leicht
Zubereitungszeit:25 Minuten

Zutaten für 2 Portionen	
500 g Erdbeeren	1 EL Zucker
50 ml Milch	250 g Magerquark
25 g Pistazienkerne	2 Scheiben Hefebrot, süß
Zitronenabrieb	Saft einer halben Zitrone

Zubereitung:

1. Quark mit Milch mischen, Zucker und Pistazien einrühren.
2. Erdbeeren putzen und in Scheiben schneiden.
3. Brot toasten, mit Quark bestreichen und Erdbeeren belegen.
4. Saft und Zitronenabrieb darüber geben.

Walnuss Muffins

Schwierigkeit: Leicht
Zubereitungszeit:60 Minuten

Zutaten für 12 Portionen	
60 g Walnusskerne	200 g Kirschen, ohne Kerne
120 g Buchweizenmehl	140 g Mehl
180 g Rohrzucker	1 Ei
1 Packung Bourbon Vanille	100 ml Rapsöl
250 g Joghurt	½ TL Zimt
3 TL Weinstein Backpulver	Muffin Form

Zubereitung:

1. Backofen vorheizen.
2. Kirschen waschen und in Würfel schneiden.
3. Walnüsse hacken.
4. Buchweizenmehl, Backpulver, Zimt und Nüsse mischen.
5. Ei mit Vanillezucker, Öl, Zucker und Joghurt mischen. Zum Mehl geben. Kirschen hinzufügen.
6. Teig in die Muffin Form füllen und bei 200 Grad 25 Minuten ausbacken.

Gratinierte Erdbeeren

Schwierigkeit: Leicht
Zubereitungszeit:60 Minuten

Zutaten für 4 Portionen	
150 g Löffelbiskuits	500 g Erdbeeren
150 g Schmand	2 Eier
60 Zucker	2 EL Mandel Blättchen
Salz	Puderzucker

Zubereitung:

1. Backofen auf 220 Grad vorheizen.
2. Löffelbiskuits in Stücke brechen.
3. Erdbeeren waschen, das Grün entfernen und in Viertel schneiden.
4. Biskuits und Erdbeeren in eine Auflaufform geben.
5. Eier trennen.
6. Zucker und Schmand schaumig rühren. Eigelbe dazugeben und rühren. Eiweiß mit einer Prise Salz steif schlagen und unter die Masse heben.
7. Masse auf den Erdbeeren verteilen und mit Pinienkernen bestreuen.
8. Im Ofen für 20 Minuten backen. Dann mit Puderzucker bestäuben.

Erdbeer-Mascarpone Törtchen

Schwierigkeit: Mittel
Zubereitungszeit: mehr als 90 Minuten

Zutaten für 4 Portionen	
250 g Mascarpone	2 Wiener Böden (fertig)
80 g weiße Kuvertüre	50 g Zucker
1 Tütchen Bourbon-Vanille	3 Blatt Gelatine
200 ml Sahne	400 g Erdbeeren
40 ml Weißwein oder Traubensaft, weiß	4 Dessertringe

Zubereitung:

1. Mit den Dessertringen aus den Böden Ringe ausstechen.
2. Kuvertüre hacken und über einem Wasserbad schmelzen. Biskuit mit der Kuvertüre bestreichen. Dann wegstellen, damit die Kuvertüre hart werden kann.
3. In der Zwischenzeit Vanillezucker, Zucker und Mascarpone mischen. Sahne steif schlagen und unterheben.
4. Gelatine für 5 Minuten in kaltes Wasser geben. Danach ausdrücken.
5. Wein erhitzen und Gelatine hineingeben. Etwas abkühlen lassen und unter die Creme mischen.
6. Teigkreise in die Dessertringe legen und Creme 3 cm hoch darauf verteilen. Dann Biskuitboden einsetzen und wieder mit Creme bedecken. 3 Stunden in den Kühlschrank stellen.
7. Erdbeeren waschen und in Scheiben schneiden. Törtchen aus den Dessertringen nehmen und Erdbeeren oben auf setzen.

Überbackene Erdbeeren

Schwierigkeit: Leicht
Zubereitungszeit:60 Minuten

Zutaten für 4 Portionen	
100 g Puderzucker	600 g Erdbeeren
5 Eier	100 g Mascarpone
100 g Speisequark	100 ml Grand Manier

Zubereitung:

1. Erdbeeren waschen und halb schneiden. In einer flachen Form einsetzen, dass sich ein Stern ergibt.
2. Eier trennen. Eigelbe mit Hälfte des Puderzuckers mischen und steif schlagen. Mascarpone und Quark mischen.
3. Ofen auf 200 Grad vorheizen.
4. Restlichen Puderzucker mit den Eiweißen steif schlagen. Unter den Quark heben.
5. Erdbeeren mit der Masse bedecken und für 15 Minuten bei 180 Grad backen.

Cranbeeries Granatapfel Smoothie

Schwierigkeit: Leicht
Zubereitungszeit: 5 Minuten

152 kcal, pro Portion	
50 g Cranbeeries	½ Granatapfel
80 g Joghurt fettarm	100 ml Milch mit 1,5% Fett
Xucker	

Zubereitung:

1. Joghurt zusammen mit Cranberries in ein Gefäß geben.
2. Von den Granatapfelkernen einen Teil zur Seite legen, den Rest mit in das Gefäß legen.
3. Mit einem Mixer fein pürieren und eventuell mit Xucker süßen.
4. Die Milch dazugeben.
5. Nochmals etwas durch mixen und dann in Gläser füllen.
6. Die restlichen Granatapfelkerne darüber geben und falls kälte erwünscht mit Eiswürfeln servieren.

Birnen Spinat Smoothie

Schwierigkeit: Leicht
Zubereitungszeit: 5 Minuten

Für 2 Portion	
2 Handvoll Spinat	2 Birnen
2 Äpfel	4 Handvoll Feldsalat
1 Stück geschälter Ingwer	

Zubereitung:

1. Spinat und Feldsalat waschen, trocknen und putzen.
2. Birnen und Äpfel waschen, entkernen und in grobe Stücke schneiden.
3. Alle Zutaten in den Mixer geben und fein pürieren, eventuell etwas Wasser dazu geben und gegebenenfalls würzen.

Spinat, Ananas & Kokos Smoothie

Schwierigkeit: Leicht
Zubereitungszeit: 5 Minuten

Für 1 Portion	
150 ml Kokoswasser	120 g Kokosnussfleisch
Etwas Spinat	180 g Ananas
15 g Chia-Samen	

Zubereitung:

1. Ananas schälen, holzigen Stücke entfernen und klein schneiden.
2. Spinat putzen.
3. Alle Zutaten zusammen in einen Mixer geben und fein pürieren.
4. In ein Glas füllen und genießen.

Dieser Smoothie eignet sich auch sehr gut als Frühstück!

Berry-Smoothie

Schwierigkeit: Leicht
Zubereitungszeit: 5 Minuten

Für 1 Portion	
je 25 g Himbeeren & Brombeeren	50 g Heidelbeeren
8-10 Erdbeeren	120 g Babyspinat
380 ml Kokoswasser	1 Esslöffel Matcha-Pulver

Zubereitung:

1. Den Spinat putzen und säubern.
2. Die Beeren gründlich waschen.
3. Alle Zutaten in einen Mixer geben und fein pürieren.
4. In ein Glas füllen und genießen.

Joghurt Früchte & Gemüse Smoothie

Schwierigkeit: Leicht
Zubereitungszeit: 5-10 Minuten

200 kcal pro Portionen	
50 g Joghurt Fettarm	eine halbe Banane und 2 Feigen
eine Handvoll Rotkohl	2 Esslöffel getrocknete Aronianbeeren

Zubereitung:

1. Die Banane schälen und in grobe Stücke schneiden.
2. Die Feigen ebenfalls schälen und in Stück schneiden.
3. Zusammen mit dem Rotkohl, dem Joghurt und ca. 200 ml Wasser in einem Mixer pürieren (je nach gewünschter Feinheit länger oder kürzer.)
4. Nach Geschmack mit Honig süßen und Schlemmern.

Smoothie de Schoko

Schwierigkeit: Leicht
Zubereitungszeit: 5-8 Minuten

Zutaten für 1 Portion	
40 g dunkle Schokolade	125 g Mandeln
2 Datteln	30 g Erdbeeren
5 Kirschen	150 g Joguhrt fettarm
250 ml Reismilch	1 Teelöffel Kreuzkümmel

Zubereitung:

1. Die Schokolade in grobe Stücke teilen.
2. Datteln ebenfalls in grobe Stücke teilen.
3. Kirschen und Erdbeeren waschen.
4. Alle Zutaten in einen Mixer geben und pürieren.
5. In ein Glas füllen und schmecken lassen.

Grüner Smoothie

Schwierigkeit: Leicht
Zubereitungszeit: 5-8 Minuten

Für 2 Portion	
1 1/2 Äpfel	3 Kiwis
120 g Spinat	3 Salbeiblätter
1 Stück Ingwer	450 ml Wasser

Zubereitung:

1. Den Spinat putzen und säubern.
2. Die Äpfel gründlich waschen und in grobe Stücke teilen.
3. Kiwis schälen und grob schneiden.
4. Alle Zutaten in den Mixer geben und pürieren.
5. In Gläser füllen und schmecken lassen.

Coco-Berry

Schwierigkeit: Leicht
Zubereitungszeit: 5 Minuten

194 kcal pro Portionen	
80 Blaubeeren	½ Banane
1 Dattel (getrochnet)	125 ml Mandelmilch
TL Kokosöl	1 TL Kokosraspel
etwas Zimt	Minze

Zubereitung:

1. ½ Banane schälen und in grob Stücke schneiden.
2. Dattel halbieren und endkernen.
3. Alle Zutaten in einen Mixer geben und pürieren.
4. In ein Glas füllen und mit der Minze anrichten.

Kirsch-Smoothie mit Mandeln & Co

Schwierigkeit: Leicht
Zubereitungszeit: 5 Minuten

Für 1 Portion	
25 g Kirschen	2 Datteln
50 g Erdbeeren	25 g Mandeln
100 g Joghurt	125 ml Reismilch
25 g dunkle Schokolade	Minzblätter

Zubereitung:

1. Schokolade grob hacken.
2. Erdbeeren waschen.
3. Kirschen und Dattel entsteinen.
4. Alle Zutaten in einen Mixer geben und pürieren.
5. In ein Glas füllen und mit Minze anrichten.

Smoothie mit Apfel, Erdbeere & Salbei

Schwierigkeit: Leicht
Zubereitungszeit: 5-7 Minuten

Für 1 Portion	
1 Apfel	2 Salbeiblätter
300 g Erdbeeren	Ein paar Rotkohlblätter
Saft einer halben Zitrone	1 Ingwer Stück
100ml Wasser	Minzblätter

Zubereitung:

1. Die Rotkohlblätter zupfen und mit den 100 ml Wasser im Mixer pürieren.
2. Erdbeeren &Apfel waschen und grob schneiden.
3. Mit den restlichen Zutaten in den Mixer geben und fein pürieren.
4. In ein Glas füllen und schmecken lassen.

Mandel-Blaubeeren-Smoothie

Schwierigkeit: Leicht
Zubereitungszeit: 10-15 Minuten

395 kcal pro Portion	
je 2 Esslöffel Kürbis/ Sonnenblumenkerne	2 Esslöffel Sesam
2 Esslöffel Mandeln	150 g Blaubeeren
1 Banane	150 g Magerjoghurt
70 ml Mandelmilch	7 g Acaipulver

Zubereitung:

1. Kerne, Sesam und die Mandeln in einer Pfanne anrösten.
2. Die Blaubeeren waschen einige zur Dekoration auf die Seite legen.
3. Die Banane schälen und in grobe Stücke schneiden.
4. Joghurt, Obst die Mandelmilch und das Acaipulver in einen Mixer geben und pürieren.
5. In ein Glas füllen und mit den restlichen Blaubeeren anrichten.

Smoothie mit Chia-Samen

Schwierigkeit: Leicht
Zubereitungszeit: 5-8 Minuten

Für 1 Portion	
Teelöffel Chia-Samen	je 120 g Brokkoli & Romanasalat
1 Stangensellerie	60 g Grünkohl
100 ml Wasser	

Zubereitung:

1. Brokkoli grob zerteilen.
2. Grünkohl und Romanasalat waschen, trocknen und grob zerpflücken.
3. Stangensellerie in grobe Stücke schneiden.
4. Alles mit dem Wasser und den Chia-Samen in den Mixer geben und fein pürieren.
5. In ein Glas füllen und genießen.

Karotten, Orangen & Quark Smoothie

Schwierigkeit: Leicht
Zubereitungszeit: 5 Minuten

145 kcal pro Portion	
Saft von einer Orange & einer halben Grapefruit	½ Teelöffel Öl
120 ml Karottensaft	5 Esslöffel Magerquark

Zubereitung:

1. Alle Zutaten in einem Mixer pürieren.
2. In ein Glas füllen und genießen.

Smoothie mit Salat & Beeren

Schwierigkeit: Leicht
Zubereitungszeit: 5 Minuten

Für 1 Portion	
4 Kopfsalatblätter	125 ml Wasser
je 150g Erdbeeren & Himbeeren	

Zubereitung:

1. Die Salatblätter waschen & zerkleinern.
2. Die Beeren waschen, und die Erdbeeren grob schneiden.
3. Alles mit dem Wasser in einen Mixer geben und pürieren.
4. In ein Glas füllen und genießen.

Ananas-Smoothie mit Himbeeren & Soja

Schwierigkeit: Leicht
Zubereitungszeit: 5 Minuten

140 kcal pro Portion	
150 ml Ananassaft	80 ml Sojamilch
50 g Himbeeren	

1. Alle Zutaten mit dem Mixer pürieren.
2. In ein Glas füllen.
3. Mit zwei Himbeeren garnieren.

Smoothie von Feld & Baum

Schwierigkeit: Leicht
Zubereitungszeit: 5 Minuten

Für 1 Portion	
je eine Handvoll Feldsalat & Romanasalat	½ Gurke
1 ½ Äpfel	150 ml Wasser
Zitronensaft	

1. Die Salate gründlich und zupfen.
2. Apfel gründlich waschen, entkernen und in grobe Stücke schneiden.
3. Gurke waschen und grob schneiden.
4. Alle Zutaten in den Mixer geben und pürieren.
5. In ein Glas füllen und genießen.

Die Schalen von Gurken sowie Äpfeln enthalten besonders viele Nährwerte, deshalb empfehle ich die Schale nicht zu entfernen.

Limette trifft Kiwi & Granatapfel

Schwierigkeit: Leicht
Zubereitungszeit: 5-8 Minuten

214 kcal pro Portion	
2 Limetten	180 g Granatapfel
220 g Kiwi	Crushed Ice

Zubereitung:

1. Limetten heiß abwaschen.
2. Nun Halbieren und den Saft auspressen.
3. Den Granatapfel entkernen, die Kiwi schälen und in grobe Stücke schneiden.
4. Limettensaft mit den Kiwi-Stücken im Mixer pürieren.
5. Crushed Ice in 1 Glas geben, das Püree darüber geben und die Granatapfelkerne beigeben.
6. Wer mag kann das Püree noch mit Xucker oder Honig süßen.

Grünkohl-Smoothie mit Apfel & mehr

Schwierigkeit: Leicht
Zubereitungszeit: 10-15 Minuten

Für 1 Portion	
160 g Grünkohl	1 Apfel
80 g Rucola	2 Stangensellerie
je eine Handvoll Petersilie und Liebstöckel	Saft einer halben Zitrone
½ Teelöffel Matcha-Pulver	

Zubereitung:

1. Ruccola, Liebstöckel, Petersilie und Grünkohl putzen und in einen Entsafter geben anschließend auspressen.
2. Stangensellerie waschen und klein schneiden.
3. Apfel waschen, entkernen und ebenfalls klein schneiden.
4. Ebenfalls in den Entsafter geben und auspressen.
5. Matcha-Pulver in dem Zitronensaft auflösen und nun in das Glas füllen.
6. Den ausgepressten Saft dazugeben und umrühren.

Smoothie mit Spinat & Banane

Schwierigkeit: Leicht
Zubereitungszeit: 5 Minuten

Für 1 Portion	
80 ml Kokoswasser	120g Spinat
2 Bananen	

Zubereitung:

1. Spinat waschen.
2. Das Kokoswasser in einen Mixer geben.
3. Bananen schälen und in grobe Stücke teilen.
4. Spinat und Bananen zum Kokoswasser geben und pürieren.
5. In ein Glas füllen und genießen.

Erdbeere trifft Banane & Spinat

Schwierigkeit: Leicht
Zubereitungszeit: 5 Minuten

Zutaten für 3 Portionen	
120 g Spinat	80 g Erdbeeren
1 1/2 Bananen	10 g Leinsamen
3 Datteln	475 ml Kokoswasser

Zubereitung:

1. Datteln grob zerkleinern, Erdbeeren halbieren.
2. Banane schälen und in Stücke schneiden.
3. Spinat waschen.
4. Alles zusammen mit dem Kokoswasser in einen Mixer geben pürieren.
5. In ein Glas füllen und genießen.

Gemüse-Smoothie

Schwierigkeit: Leicht
Zubereitungszeit: 10 Minuten

Zutaten für 2 Portionen	
150 g Grünkohl	120 g Rucola
1 Karotte	1 Stangensellerie
50 g Petersilie	100 ml Orangensaft
Limettensaft	Minzblätter

Zubereitung:

1. Petersilie, Rucola und Grünkohl gründlich abspülen und trocknen.
2. Karotte schälen und in Stücke schneiden.
3. Sellerie putzen und klein schneiden.
4. Alles in einen Mixer geben und mit Orangesaft verfeinern.
5. Pürieren und mit dem Limettensaft abschmecken.
6. In Gläser füllen und mit den Minzblättern anrichten.

Für Zwischendurch

Cranberry-Riegel mit Nüssen & Feigen

100 g Cranbeeries	120 g Walnusskerne
80 g getrocknete Feigen	100 g Haselnüsse
80 g weiche Butter oder Margarine	2 Eier
1 Orange	100 g Vollrohrzucker
150 g Vollkornmehl	2 Teelöffel Backpulver
1 Teelöffel Kakaopulver	Zimt oder Kardamom

Zubereitung:

1. Die Orange heiß abwaschen, die Schale fein abreiben.
2. Orange halbieren und aus den Orangen hälften den Saft auspressen.
3. Die Feigen würfeln und die Walnusskerne mahlen.
4. Orangenschale, Xucker, Salz und Butter mit dem Handmixer verrühren.
5. Cranbeeries, Zimt, Kakao oder Kardomom, Feigen, Nüsse, Mehl und Backpulver dazugeben und zu einem Teig verkneten.
6. Auf einem Backblech den Teig geben und mit einer Lage Frischhaltefolie abdecken.
7. Den Teig unter der Frischhaltefolie ausrollen,die Folie entfernen.
8. Im vorgeheizten Ofen bei 190°C für etwa 28 Minuten backen.
9. Das Blech aus dem Ofen nehmen und den Orangensaft über die Riegelmasse träufeln und 10 – 15 Minuten ziehen lassen.
10. In Riegel form schneiden und abkühlen lassen.

Schoko-Dattel-Kugeln

Schwierigkeit: Leicht
Zubereitungszeit: 15-20 Minuten

Zutaten	
220 g Dattel	100g Walnusskerne
30 g dunkle Schokolade	je ein Esslöffel Kakaopulver und Kurkuma
Zimt	1 Esslöffel Olivenöl

Zubereitung:

1. Walnusskerne, Datteln und Schokolade hacken.
2. Alles miteinander mischen und die restlichen Zutaten dazugeben.
3. Mit etwas Wasser zu einer formbaren Masse kneten.
4. Aus der Masse Kugeln formen und in eine verschließbare Box legen.
5. Im Kühlschrank aufbewahren.
6. Snacken und es sich gut gehen lassen.

Pikanter Dip

Schwierigkeit: Leicht
Zubereitungszeit: 5 Minuten

Zutaten	
1 Knoblauchzehe	1 1/2 Lauchzwiebeln
200 g Limabohnen	2 Esslöffel Zitronensaft
1 Esslöffel Olivenöl	Salz, Pfeffer, Chilipulver

Zubereitung:

1. Alle Zutaten in einen Mixer geben und pürieren.
2. Nochmal mit den Gewürzen abschmecken und zu Rohkost servieren.

Datteln mit Mandeln

Schwierigkeit: Leicht
Zubereitungszeit: 5 Minuten

Zutaten	
10 Datteln und 10 Mandelkerne	Kokosraspel

Zubereitung:

1. Datteln aufschneiden und den Kern entfernen.
2. Je einen Mandelkern in eine Dattel geben, in den Kokosraspeln wälzen.

Humus

Schwierigkeit: Leicht
Zubereitungszeit: 20-30 Minuten

1 Karotte	1 Paprika
1 Stangensellerie	175 g Kichererbsen
½ Gurke	1 Zwiebel gewürfelt
1 Knoblauchzehe, gehackt	1 Esslöffel Öl
Salz und Pfeffer	Tahini

1. Kichererbsen am Vortag kochen, damit sie abkühlen können.
2. Tahini, Öl, Salz und Pfeffer mit den Kichererbsen in einen Mixer geben pürieren.
3. Zwiebelwürfel und gehackten Knoblauch dazugeben und nochmals durchmixen, mit Salz und Pfeffer abschmecken.
4. Gemüse in Streifen schneiden und mit dem Humus servieren.

Obstspieße mit Schokolade

Schwierigkeit: Leicht
Zubereitungszeit: 15 Minuten

Zutaten	
220 g dunkle Schokolade	2 Bananen
1-2 Äpfel	Kokosraspel

Zubereitung:

1. Die dunkle Schokolade im Wasserbad schmelzen.
2. Obst in Stücke schneiden und abwechselnd auf Spieße stecken. Je nach Lust und Laune mehrere Früchte oder nur einzelne.
3. Spieße in die warme Schokolade tauchen und mit den Kokosraspeln bestreuen.

Datte trifft Schokolade

Schwierigkeit: Leicht
Zubereitungszeit: 10 Minuten

Zutaten	
150 g dunkle Schokolade	220 g Datteln
125 g Humus	2 Esslöffel Öl
Vanillezucker	geriebenen Ingwer

Zubereitung:

1. Schokolade im Mixer pürieren.
2. Die übrigen Zutaten dazugeben und mixen.
3. Aus der Masse kleine Kugeln formen und bis zum Verzehr in den Kühlschrank legen.

Omelette mit Bacon

Schwierigkeit: Leicht
Zubereitungszeit: 15 Minuten

Zutaten für 1 Portion	
50 g Bacon, in Streifen	3 Eier
45 g Radicchio	Petersilie
etwas Öl	Pfeffer

Zubereitung:

1. Radicchio und Petersilie putzen und schneiden.
2. Eier in einer Schüssel quirlen.
3. Bacon ohne Fett kross in einer Pfanne anbraten.
4. Hitze reduzieren und die Eier zum Bacon geben.
5. Die Eimasse stocken lassen und vor dem Servieren mit Radicchio und Petersilie bestreuen.

Bällchen mit Bohnen

Schwierigkeit: Leicht
Zubereitungszeit: 10-15Minuten

5 Zwiebeln	1 Dose weiße Bohnen
3 Knoblauchzehen	1 Chilischote
4 Esslöffel Olivenöl	Salz und Pfeffer
etwas Zitronensaft	etwas frisches Basilikum

Zubereitung:

1. Zwiebeln schneiden, Bohnen abgießen und abspülen.
2. Bis auf das Basilikum alle Zutaten in einen Mixer geben und pürieren, mit Salz, Pfeffer und Zitronensaft abschmecken.
3. Aus der Masse kleine Bällchen formen, auf einen Teller legen und kurz in der Mikrowelle anwärmen.
4. Mit dem Basilikum garnieren und servieren.

Rosinen & Erdnuss Riegel

Schwierigkeit: Leicht
Zubereitungszeit: 15-20 Minuten

99 kcal pro Riegel, Zutaten für 3 Portionen	
100 g Erdnusskerne	50 g Haferfleks
125 g kernige Haferflocken	50 g Rosinen
30 g Butter	90 g Honig
30 g Rohrzucker	Saft einer halben Orange

Zubereitung:

1. Erdnüsse hacken.
2. In einem Topf die Butter mit dem Zucker und dem Honig erhitzen, bis der Zucker geschmolzen ist.
3. Haferflocken, Haferfleks sowie Nüsse und 1 Teelöffel Orangensaft dazugeben und goldbraun werden lassen, dabei ständig rühren.
4. Die Rosinen unterheben.
5. Ein Backblech mit Backpapier auslegen und die Masse mit einem Gummispatel darauf streichen.
6. Im vorgeheizten Ofen bei 160°C ca. 13 Minuten backen.

Risiko-Hinweis und Haftung

Empfehlungen, Charts und Tabellen für verlässlich, jedoch können wir keine Garantie für Richtigkeit und Aktualität übernehmen. Die Inhalte in diesem Werk sind nach bestem Gewissen verfasst, wir halten unsere Quellen für verlässlich, aber auch hier können wir keine Garantie auf Richtigkeit und Aktualität geben. Die Informationen geben lediglich einen Einblick in die Meinung der Verfasser.

Haftungsausschluss

Die Inhalte wurden mit größtmöglicher Sorgfalt erstellt. Der Autor übernimmt jedoch keine Gewähr für die Richtigkeit und Vollständigkeit der hier befindlichen Informationen sowie bereitgestellten Inhalte. Urheber- und Kennzeichenrecht Bei den Inhalten die erstellt wurden, werden die Urheberrechte Dritter beachtet. Insbesondere werden Inhalte und Rechte Dritter als solche gekennzeichnet. Sollte der Nutzer trotzdem auf eine Urheberrechtsverletzung aufmerksam werden, bitten wir um einen entsprechenden Hinweis. Bei Bekanntwerden von Rechtsverletzungen werden wir derartige Inhalte umgehend entfernen.

Quellenangaben

Impressum

1. Auflage

Kontakt: Anna Maria Jung wird vertreten von:
Marius Hirscher, Robert-Koch-Weg 14, 88239 Wangen
Covergestaltung: Pixelstudio
Coverfoto: depositphotos.com

Printed in Poland
by Amazon Fulfillment
Poland Sp. z o.o., Wrocław

58091891R00103